RELIURE SERREE
Absence de marges
intérieures

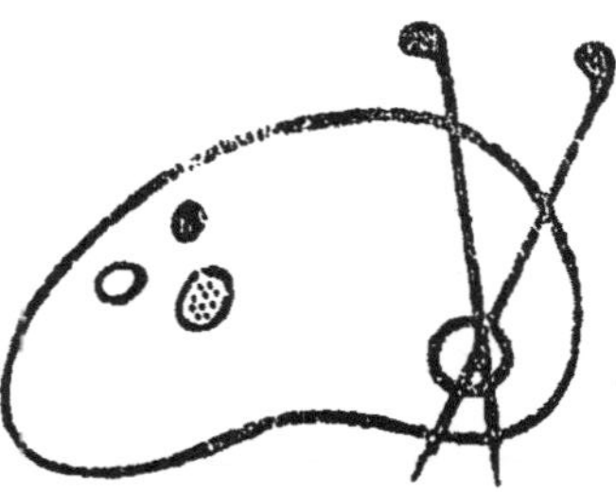

Début d'une série de documents
en couleur

VALABLE POUR TOUT OU PARTIE
DU DOCUMENT REPRODUIT

Édition à 1 fr. 25 le volume

CH.-PAUL DE KOCK

UN MONSIEUR TRÈS-TOURMENTÉ

PARIS
DEGORCE CADOT, ÉDITEUR
9, RUE DE VERNEUIL, 9

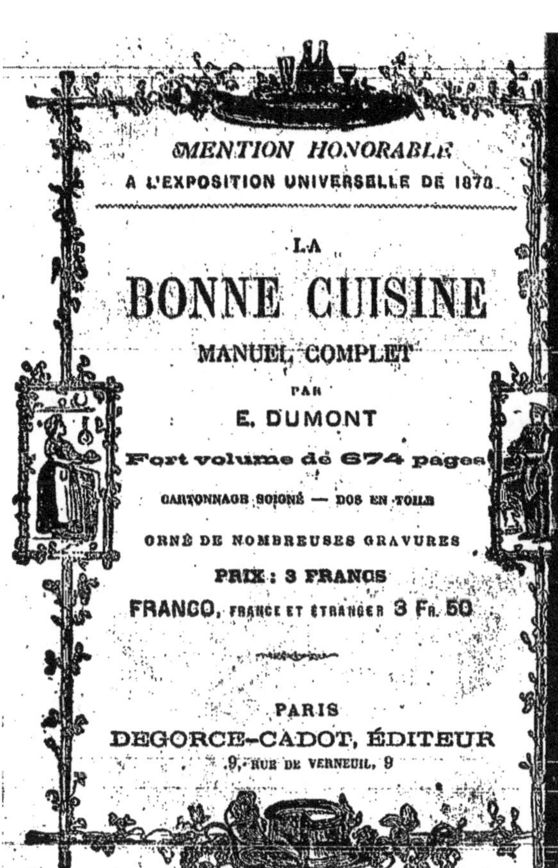

MENTION HONORABLE
A L'EXPOSITION UNIVERSELLE DE 1878
LA
BONNE CUISINE
MANUEL COMPLET
PAR
E. DUMONT
Fort volume de 674 pages
CARTONNAGE SOIGNÉ — DOS EN TOILE
ORNÉ DE NOMBREUSES GRAVURES
PRIX : 3 FRANCS
FRANCO, FRANCE ET ÉTRANGER 3 FR. 50
PARIS
DEGORCE-CADOT, ÉDITEUR
9, RUE DE VERNEUIL, 9

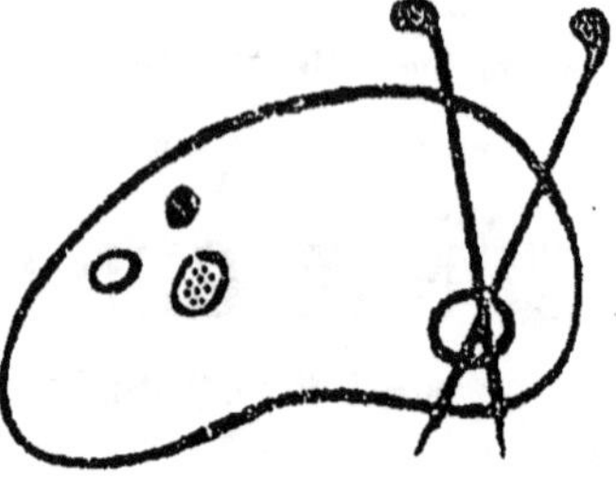

Fin d'une série de documents
en couleur

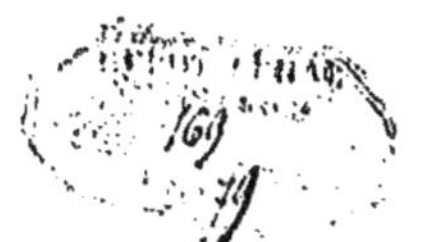

UN MONSIEUR
TRÈS-TOURMENTÉ

EN VENTE A LA MÊME LIBRAIRIE

ŒUVRES DE CH. PAUL DE KOCK

AVEC UNE GRAVURE DE LA TYPOGRAPHIE CLAYE

2 FRANCS LE VOLUME

OUVRAGES PUBLIÉS A CE JOUR :

L'Amoureux transi........ 1 vol.
Une Gaillarde........... 2 »
La Fille aux trois jupons. 1 »
La Dame aux trois corsets. 1 »
Ce Monsieur............. 1 »
La Jolie Fille du faubourg. 1 »
Les Femmes, le Jeu et le Vin.................. 1 »
Cerisette................ 2 »
Le Sentier aux Prunes... 1 »
M. Cherami.............. 1 »
M. Choublanc............ 1 »
L'Ane à M. Martin....... 1 »
Une Femme à trois visages. 2 »
La Grappe de groseille. . 1 »
La Mariée de Fontenay-aux-Roses............ 1 »
L'Amant de la Lune...... 3 »
Papa Beau-Père.......... 1 »
La Demoiselle du cinquième................ 2 »
Carotin.................. 1 »
La Prairie aux coquelicots.................. 2 »
Un Mari dont on se moque. 1 »
Les Compagnons de la Truffe................ 2 »
Les Petits Ruisseaux..... 1 »
Le Professeur Ficheclaque.................. 1 »
Les Étuvistes........... 2 »
L'Homme aux trois culottes................. 1 »
Madame Pantalon........ 1 »
Madame Tapin........... 1 »
Le Petit Bonhomme du coin.................. 1 vol
Mon ami Piffard.......... 1 »
Les Demoiselles de Magasin.................. 2 »
Une Drôle de maison..... 1 »
Mme de Monflanquin...... 2 »
Maison Perdaillon et Cie.. 1 »
Le Riche Cramoisan...... 1 »
La Bouquetière du Château-d'Eau............ 2 »
La Famille Braillard...... 2 »
Friquette................ 1 »
La Baronne Blaguiskoff.. 1 »
Un Jeune Homme mystérieux................. 1 »
La Petite Lise........... 1 »
La Grande Ville......... 1 »
La Famille Gogo......... 2 »
Le Concierge de la rue du Bac.................. 1 »
Les nouveaux Troubadours. 1 »
Un petit-fils de Cartouche. 1 »
Sans-Cravate............. 2 »
Taquinet le Bossu........ 1 »
L'Amour qui passe et l'Amour qui vient......... 1 »
Madame Saint-Lambert... 1 »
Benjamin Godichon....... 1 »
Paul et son Chien........ 1 »
Les époux Chamoureau... 1 »
Le Millionnaire.......... 1 »
Le petit Isidore......... 1 »
Flon, Flon-Flon Lariradondaine................ 1

Il est tiré, de chaque ouvrage, cent exemplaires sur très-beau papier de Hollande, gravure sur chine, à **5** francs le volume

F. Aureau. — Imprimerie de Lagny.

ŒUVRES DE CH. PAUL DE KOCK

UN MONSIEUR TRÈS-TOURMENTÉ

PARIS
A. DEGORCE-CADOT, ÉDITEUR
9, RUE DE VERNEUIL, 9

UN MONSIEUR
TRÈS-TOURMENTÉ

DANS L'ESCALIER

Un jour... non c'était une nuit ; mettons cela au lever de l'aurore, de peur de nous tromper, dans une maison située tout au fond du faubourg Saint-Martin, et quand nous disons tout au fond, nous entendons par là que c'était tout près de la barrière, il est toujours bon de s'expliquer, un monsieur entre deux âges, mais plus près du second que du premier, courait dans son escalier, s'arrêtait à chaque palier, sonnait aux portes de ses voisins, descendait dans la cour, cognait à la loge du portier (ce n'était point un concierge), et faisait son possible enfin pour réveiller tout le monde, en criant :

— C'est à présent! c'est pour tout de bon, cette fois ! ça y est, c'est-à-dire ça veut y être... O mon épouse ! enfin je vais donc l'être !... Après dix-huit ans de mariage ! ça n'est pas malheureux... Il y en a qui le sont la première année; mais comme dit le proverbe: il vaut mieux tard que jamais... Voyez un peu s'ils se réveilleront... Il faut pourtant que l'on vienne à mon aide... Je ne m'en tirerai jamais tout seul.

Et M. Tamponnet (c'est le nom de ce particulier) continuait d'aller, de venir, de courir, de crier, de se lamenter, de beugler. Dans le désordre de son esprit, dans le trouble, la joie où le jetait l'évènement qui lui arrivait, après avoir sonné à un étage, il ne se donnait pas le temps d'attendre que l'on passât un vêtement pour venir lui ouvrir; il s'impatientait et descendait ou montait à un autre, de façon que déjà quelques voisins étaient venu ouvrir leur porte, et n'y trouvant personne, l'avaient refermée avec humeur en se disant :

— J'ai donc rêvé que l'on sonnait.

Cependant, au cinquième, tout près des greniers, M. Tamponnet, a cogné, et avant qu'il ait le temps de redescendre, on lui a ouvert. C'est que la porte qui vient de s'ouvrir à lui est celle d'un vieux poète. Dans ce temps-là, les poètes logeaient assez souvent près des greniers. C'est sans doute pour cela que Béranger a dit.

Dans un grenier qu'on est bien à vingt ans.

Mais le vieux poète, qui avait passé la soixantaine, et qui était maigre comme le chevalier de la Triste-Figure, ne paraissait point se trouver très bien dans son grenier ; il ouvre donc en grommelant, se présente, non pas *dans le simple appareil...* mais enveloppé dans une vieille houppelande qui ressemblait comme deux gouttes d'eau à une couverture de laine et qui, probablement, en faisait aussi les fonctions. Dans ce négligé, qui n'avait rien de galant, la tête coiffée d'une serviette qui jouait assez bien le turban, et donnait à ce monsieur l'aspect d'un marchand de dattes, il dit brusquement à celui qui vient de cogner à sa porte (où il n'y a pas de sonnette):

— Que me voulez-vous ? Pourquoi venir si matin ? Vous faites un tapage insupportable !

— Ah ! monsieur Muséum ! si vous saviez... je suis si content... C'est bien aimable à vous de m'avoir ouvert... Je ne sais pas ce qu'ils ont dans cette maison ; ils dorment comme des marmottes... Personne ne me répond, pas même Dupont, le portier... Il me semble cependant qu'il ne devrait plus dormir, voilà l'aurore qui se lève.

— C'est que probablement le portier n'a pas toujours été vertueux.

— Je ne comprends pas.

— Vous n'y êtes pas obligé... enfin, voisin, pourquoi venez-vous me réveiller?... Quand je dis me réveiller, je ne suis pas absolument dans le vrai; j'avais déjà un œil ouvert, parce que je cherchais le quatrième couplet de la romance que j'envoie cette année à l'*Almanach des Muses*... Le sujet est la mort de *Pyrame* et *Thisbé*... vous savez, ces deux amants qui ont changé la couleur du fruit du mûrier...

— Non, voisin, je ne sais pas... mais ce n'est pas du fruit du mûrier qu'il est question en ce moment, c'est du mien... Ah! monsieur Muséum! après dix-huit ans de mariage!... Je le suis!

— Vous l'êtes... Quoi?

— Eh parbleu! je suis père... Il me semble que cela se comprend tout de suite.

— Mais non... Quand vous dites : « Je le suis! » on pourrait penser autre chose... Enfin vous êtes père, c'est très bien, et je vous en fais mon compliment; mais je ne vois pas trop qu'il fût nécessaire de venir cogner chez moi si matin pour me dire cela.

— Vous ne voyez pas? Mais je ne vous ai donc pas dit? ça n'est pas encore fini... Ma chère Aldegonde est dans les douleurs, et je suis seul... Elle a voulu renvoyer sa bonne avant-hier, parce qu'elle lui avait fait un potage aux croûtons sans croûtons. J'ai eu beau lui dire : « Aldegonde, tu as tort; ne renvoie pas ta bonne; si elle n'est forte sur les potages, en revanche, elle fait supérieurement les omelettes soufflées... » et c'est une gourmandise que j'affectionne. On assure que c'est devenu un plat de grisettes, cela ne m'empêchera pas de l'aimer.

Ma femme ne m'a pas écouté; bref, je suis seul avec elle; moi, qui ne peux pas entendre un chat miauler, jugez si je suis en état de lui porter secours... Il nous faut l'accoucheur, une garde, du monde, enfin... Si vous étiez assez bon, monsieur Muséum, pour donner un coup de pied chez l'accoucheur...

— Il me semble que le portier pouvait bien y aller.

— Mais il dort, monsieur, il ne veut pas s'éveiller... cette brute, cet animal! Monsieur Muséum, vous serez le second père de mon enfant; il vous devra aussi le jour.

— Allons, puisque cela vous oblige tant, je vais passer une culotte (dans ce temps-là on portait des culottes); je vais me chausser, je descends... Attendez-moi en bas, je ne serai pas long.

Le vieux poète est rentré chez lui. M. Tamponnet redescend, et sur son chemin, tire encore tous les cordons de sonnettes, absolument comme ces gamins qui se laissent couler sur la rampe d'un escalier.

Au second étage on ouvre tout à coup une porte,

et une grosse dame, cuirassée dans une camisole et trois peignoirs, se présente armée d'un balai, qu'elle lève sur la tête de M. Tamponnet en s'écriant :

— Quel est le polisson qui sonne chez moi avant le jour?

Mais en reconnaissant son voisin, cette dame laisse retomber son balai, lequel ayant déjà ramassé plusieurs toiles d'araignées, avait presque l'air d'un drapeau.

— Quoi ! monsieur Tamponnet, c'est vous qui...

— Oui, chère voisine ; mon épouse est en mal... de ce que vous savez bien... Je suis seul ; je ne sais où donner de la tête, soyez assez bonne pour monter près de ma femme... vous serez le second père... je veux dire la seconde mère de mon enfant... Il vous devra le jour.

— Ah ! il faut que ce soit pour vous obliger, mon voisin, car j'avais encore très envie de dormir. Ordinairement je sommeille jusqu'à neuf heures, il en est tout au plus cinq, c'est quatre heures qui me manquent, cela me donnera la migraine.

— Vous rattraperez cela demain, voisine ; vous dormirez deux jours de suite, si cela vous amuse...

— Je vais m'habiller, voisin. Je vais mettre un corset et je monte chez vous.

— De grâce, voisine, ne mettez pas de corset, vous êtes si bien comme cela.

— Ah! monsieur Tamponnet, ne me regardez pas, je vous en prie, vous me feriez rougir... Un homme ne m'a jamais vue sans corset... Je rentre, voisin... ne me regardez pas, je vous en supplie: ne me regardez pas, vous allez me faire devenir comme une cerise !

La grosse voisine est rentrée chez elle. M. Tamponnet sourit malignement, en se disant:

— Elle m'a répété trop de fois: « Ne me regardez pas ! » C'était pour que je la regardasse, au contraire; mais je n'en étais pas tenté... elle a trop d'embonpoint; elle en abuse;... et quand elle marche, elle me rappelle ces gelées au rhum que l'on apporte au dessert, et qui ne veulent jamais se tenir au repos... Mais à quoi vais-je penser, malheureux... lorsque mon épouse souffre pour me rendre père! Ah Dieu! je suis un drôle! Voyons si ce portier se réveillera enfin.

M. Tamponnet est redescendu dans la cour. Il frappe au carreau de la loge du portier. M. Dupont, c'était le nom de ce faux suisse, montre enfin son chef orné du bonnet de coton de rigueur, et dit en bâillant :

— Est-ce que le feu est à la maison?... Où allez-vous... Que me demandez-vous? Il n'y a personne... Ils sont sortis.

— Allons, honnête Dupont, éveillez-vous tout à

fait.... Vous êtes encore à moitié endormi... Grande nouvelle, Dupont ! grande nouvelle !

— Tiens, c'est M. Tamponnet ! le locataire du troisième... De *quoi qu'il y a donc*, monsieur Tamponnet, que vous faites un tintamarre de mardi gras ?

— Mon épouse est en train d'accoucher, portier.

— Oh ! oh ! et de quoi ? et de quoi ?

— Vous me faites l'effet d'un perroquet, en ce moment, avec vos : Et de quoi ?

— Dame, monsieur, c'est qu'il y a quinze jours, la mercière d'en face, qui se croyait enceinte, a fini d'accoucher tout bonnement d'un fromage.

— En vérité, Dupont, on croirait que vous avez déjà bu ! Vous dites des choses stupides.

— Il n'y a rien de stupide là dedans, monsieur ; le pharmacien d'en face, qui se fâche quand on l'appelle apothicaire, et qui est pourtant un homme très savant, a dit comme ça que les femmes étaient susceptibles d'accoucher de tout plein de choses... depuis des nègres jusqu'à des lézards. Je trouve çà plus fort qu'un fromage !

— Vous me rendez très malheureux en ce moment, Dupont avec vos histoires !... Mais je vous en supplie, courez chez l'accoucheur, chez la garde... vous savez où tout ce monde demeure... Allez, portier, et si vous êtes prompt, si vous êtes bientôt de retour, je vous donnerai un petit verre de kirch en sus de votre commission, vous savez, de ce vieux kirch qui a vingt ans de bouteille.

Le portier, qui avait une grande faiblesse pour le kirch, se hâte alors de s'habiller et sort en disant: Vous me tirerez le cordon, je vais ramener en deux temps l'accoucheur et la garde.

Et très heureusement Dupont se chargea de cette commission ; car la grosse voisine du second, ayant eu la malheureuse idée de se lacer sur son lit, ne tarda pas à laisser sa tête retomber sur l'oreiller, et à se rendormir pour rattraper les heures de repos qui lui manquaient.

Quant à M. Muséum, en rentrant dans sa chambre, il avait trouvé le premier vers du quatrième couplet de sa romance sur *Pyrame* et *Thisbé*, et en cherchant le second, il avait totalement oublié qu'il devait servir de second père à l'enfant de son voisin.

II

LE CHOIX D'UN NOM

Maintenant, passons sur la première enfance de notre héros, c'est le fils de ce monsieur que vous avez vu courir dans son escalier.

Nous vous dirons seulement qu'on l'avait appelé *Théophile*, malgré les réclamations de sa mère, qui voulait à toute force que son fils se nommât Ludovic, comme un de ses cousins qui était fort joli garçon.

Mais M. Tamponnet, qui avait la prétention d'être lettré, voulut absolument que son rejeton portât ce nom confectionné avec du grec, en disant : Cela portera bonheur au petit ; il sera aimé des dieux ! son nom a cette signification.

M. Muséum essaya vainement de faire comprendre

à son voisin que Théophile signifiait, en grec, ami des dieux, et non pas aimé des dieux, M. Tamponnet persista dans son opinion. Le vieux poète avait conseillé de donner à l'enfant le nom de Félix. Cela signifie heureux en latin, et le latin vaut bien le grec; d'ailleurs, Félix est un joli nom, doux à prononcer, harmonieux à l'oreille, et pas trop long: ce qui est bien avantageux pour un nom, et ne l'expose pas à être défiguré, surtout par les domestiques qui l'annoncent dans un salon; et il citait pour exemple un monsieur que l'on avait baptisé du nom de Vercingétorix, et que toute sa vie les bonnes et les portières avaient appelé M. Viens-Saint-Jean-Tu-Ris.

Mais M. Tamponnet avait répondu au vieux poète. Laissez-moi donc avec votre Félix qui est un nom heureux! J'ai connu deux Félix, il y en à un qui, après avoir été courtier de commerce, a fini par aller ouvrir les portières des fiacres, et l'autre, à trente ans, avait une jambe de bois et un œil de moins. Si c'est cela que vous appelez être heureux! j'ambitionne autre chose pour mon fils.

La grosse voisine, se rappelant qu'on l'avait éveillée pendant que l'enfant venait au monde, avait proposé de lui donner le nom de *Morphée*.

Enfin, comme le portier se rappelait les évolutions de M. Tamponnet dans l'escalier, il prétendait que l'enfant aurait dû se nommer *Carré*.

Le nom de Théophile prévalut ; M. Tamponnet était heureux et fier lorsqu'il disait : Où est mon fils Théophile ?

Et pourtant comme il n'avait pas d'autre enfant, il aurait pu se borner à dire : « Où est mon fils? Venez, mon fils ! » Mais il y a des personnes qui ne seraient point heureuses si elles ne prononçaient pas le nom en s'adressant à quelqu'un, lors même que ce *quelqu'un* les touche de fort près.

Ecoutez beaucoup de ces dames qui tiennent un comptoir, lorsqu'elles parlent à leur mari.

— Monsieur Benoît, veux-tu venir dîner ? — Monsieur Bertrand, il y a là quelqu'un qui veut te parler.

C'est à la fois tendre et respectueux.

III

MONSIEUR MUSÉUM

Le jeune Théophile avait de petits yeux, une grande bouche, un gros nez, un front bombé, les dents un peu courtes, les oreilles un peu longues, et les cheveux un peu crépus.

Tout cela ne pouvait pas former un ensemble bien séduisant ; il n'est pas probable que les peintres qui voyaient cet enfant demandaient à ses parents la permission de le faire poser pour un amour. Cependant, comme il y avait dans la physionomie du petit garçon quelque chose qui annonçait de la bonté, de la douceur, enfin ce qui constitue en général un agréable caractère, le jeune Théophile ne semblait pas trop laid, et même il ne déplaisait pas. Tant il est vrai que l'expression de la physionomie séduit bien plus que la perfection ou la régularité des traits ; nous pourrions vous citer cent preuves à l'appui, nous ne vous les citerons pas.

Quant aux parents de Théophile, inutile de dire qu'ils trouvaient leur fils superbe, charmant, magnifique.

Heureux privilége de l'amour paternel et maternel, qui donne la beauté, qui prodigue les attraits, les grâces à ceux auxquels nous avons donné l'existence ! Et cet amour-là est le seul vrai, le seul bon ; car le temps ne lui ôte rien de sa force ; nos enfants grandissent, embellissent, vieillissent, mais ils n'enlaidissent jamais... pour nous, cela s'entend.

A six ans le petit Théophile perdit son père. Madame Tamponnet, qui avait toujours eu une honnête affection pour son mari, dut alors concentrer sur son fils toute sa tendresse. Madame Tamponnet, qui n'avait été mère qu'à trente-neuf ans, en avait donc quarante-cinq à la mort de son époux ; n'ayant jamais été coquette, il ne lui vint pas à l'idée de commencer à l'être aussi tard ; ce qui arrive quelquefois à des dames qui regrettent ne ne l'avoir pas été plus tôt.

Madame Tamponnet ne s'occupa donc que de son fils, qui était son bijou, son idole, sa gloire. Elle commença à se promettre à elle-même de ne jamais s'en séparer, par conséquent de ne point le mettre en pension ni même en demi-pension. Il y avait peut-être dans cet amour un peu d'égoïsme, car il est rare que les éducations particulières valent celle que l'on reçoit dans un collège. Ensuite, les jeunes garçons, en vivant entre eux, apprennent plus tôt à devenir des hommes. Mais ce n'est peut-être pas cela qu'il serait urgent de leur apprendre si vite.

Cependant, comme madame Tamponnet ne voulait pas que son fils fût un ignorant ; comme elle espérait, au contraire, qu'un jour par son esprit, ses talents, ses connaissances, il rendrait son nom célèbre, et qu'elle n'était nullement en état de faire elle-même son éducation, parce que la sienne ayant été très négligée, elle se permettait parfois des liaisons bien dangereuses, elle songea à donner à son fils un précepteur, ou plutôt un professeur.

Le vieux poète, M. Muséum, demeurait toujours au cinquième étage, dans la même maison que madame Tamponnet ; les Muses n'avaient pas traité favorablement ce vieux nourrisson du Pinde, qui partant s'était logé le plus près possible de l'Empyrée, espérant sans doute que les inspirations lui arriveraient là de première main.

M. Muséum n'avait jamais pu terminer le quatrième couplet de sa romance sur Pyrame et Thisbé, et il en accusait son voisin Tamponnet, qui l'avait interrompu lorsque sa verve était échauffée. Ne gagnant pas avec ses vers de quoi s'acheter une robe de chambre, et s'apercevant que sa couverture de laine menaçait de ne plus draper qu'une demi-portion de son individu, le vieux poëte avait dû songer à faire autre chose que de la poésie ; il avait donc annoncé au portier Dupont qu'il donnait des leçons de français, de latin, d'histoire et de versification aux enfants des deux sexes, en le priant de répandre cette nouvelle dans sa maison et dans le quartier, afin de lui procurer des élèves.

Puis en rentrant chez lui, le vieux poëte avait écrit sur le dos d'une carte :

« *Muséum professeur de belles-lettres*, fait des éducations, montre le français, la versification ; montre une foule de choses chez lui ou dehors au cachet ou au mois ; le tout à des prix modérés. »

Puis il avait cloué cette carte à la porte de son grenier en disant : Maintenant attendons les élèves ; il ne saurait manquer de m'en venir en foule.

Cependant, le temps s'écoulait et les élèves ne venaient pas ! Il est si rare que l'on croie au talent, quand il faut aller le chercher dans un grenier !

Mais lorsque madame Tamponnet, devenue veuve, pensa à faire donner de l'éducation à son fils, elle se rappela le vieux poëte, son voisin, qui demandait des élèves, et se dit : — Je n'ai pas besoin de chercher plus loin un professeur pour Théophile, puisque j'en ai un sous la main !

Sous la main n'était pas le mot bien juste, puisque

cette dame demeurait au troisième étage, et le professeur au cinquième; mais il y a comme cela une foule de locutions que l'on emploie mal à propos. Il faudrait, dit-on, pour ne jamais avancer une bêtise, tourner sept fois sa langue dans sa bouche avant de parler. Convenez cependant que cela deviendrait bientôt incommode en société, et que cela exposerait à une foule de grimaces dans la conversation.

Madame Tamponnet ayant fait prier M. Muséum de vouloir bien venir lui parler, le vieux poète brossa sa culotte, brossa son habit, brossa son chapeau; mais le tout avec ménagement, parce que chacun de ces objets était si mûr, qu'un coup de brosse imprudent aurait pu en emporter un morceau; ensuite il se frotta le visage avec de l'eau, mais, dans cet exercice, il mit de la vigueur, afin de se rendre le teint frais et rosé; sa toilette achevée, M. Muséum descendit chez madame Tamponnet, qu'il salua jusqu'à terre, puis le dialogue suivant s'établit entre cette dame et le vieux poète, en présence du jeune Théophile, qui était assis dans un coin et jouait avec de petits soldats de plomb :

MADAME TAMPONNET

Monsieur Muséum, notre portier m'a dit que vous aviez changé d'état, et que maintenant, au lieu de faire des... choses... des... Comment appelle-t-on ce que vous faisiez, monsieur?

MUSÉUM.

Des poèmes, des romances... des idylles, enfin, des vers, madame.

MADAME TAMPONNET.

Eh bien, oui... des machines. Bref, que vous aviez lâché tout ça, et que vous cherchiez des élèves pour les éduquer.

MUSÉUM.

Madame, je n'ai point renoncé... ce qui est plus convenable que lâché... au bonheur de versifier. Quand on est né poète, voyez-vous, madame... c'est plus fort que soi... on ferait des vers même en dormant, si on rêvait. On en ferait sur n'importe quoi, sur n'importe qui...

MADAME TAMPONNET.

C'est comme feu M. Tamponnet... il faisait des cornets avec tout ce qui lui tombait sous la main... une manie, quoi!... Monsieur, voilà mon fils Théophile; comment le trouvez-vous? il a bientôt sept ans.

MUSÉUM.

Il en est bien capable!

MADAME TAMPONNET.

Il y a un de nos amis qui m'a dit qu'il avait quelque chose de Voltaire...

MUSÉUM.

Je ne vois pas trop... les jambes, peut-être... Il joue avec des petits soldats... aurait-il le goût des armes?

MADAME TAMPONNET.

Je le croirais assez... Cependant, il joue aussi avec de petits moutons ou des haricots, monsieur Muséum, je veux que mon fils soit très savant.

MUSÉUM.

Et vous avez bien raison, madame. *Socrate*, que l'oracle de Delphes avait déclaré le plus sage des hommes, voulait que la science seule fût un bien, et l'ignorance un mal. Né dans l'obscurité, son savoir le fit briller au-dessus des autres hommes; sa perspicacité allait jusqu'à prévoir ce qui devait arriver, en sorte qu'on lui attribua un démon familier qui prenait soin de l'instruire, qui...

MADAME TAMPONNET.

Permettez-moi, monsieur... d'abord, mon fils n'est pas né dans l'obscurité..., il est venu au monde en plein soleil... Ensuite, je ne me soucie pas qu'il ait les moindres familiarités avec un démon... Ce pauvre cher ange! je suis sûre qu'il se laisserait battre sans le rendre.

MUSÉUM.

Madame, vous ne m'avez pas compris... Je vous citais Socrate... un sage... un savant...

MADAME TAMPONNET.

Je ne connais pas ce monsieur-là... Finalement, monsieur Muséum, voulez-vous apprendre à Théophile à lire, à écrire, compter et parler de tout ce qu'il est possible sans jamais être embarrassé ?

MUSÉUM.

Alors, madame, voulez-vous que j'en fasse un second *Pic de la Mirandole*, qui publia à Rome un programme de neuf cents propositions *de omni re scibili*, qu'il s'engagea à soutenir contre tous les savants qui se présenteraient pour les combattre.

MADAME TAMPONNET.

Un Pic!... Ah bien! elle est bonne celle-là. Faire un Pic de mon fils... Merci, ce serait gentil! Qu'il soit aimable en société, monsieur, et susceptible d'être commis dans n'importe quoi... même chez un huissier, mais qu'il ne pique personne... Voilà ce que je vous demande... Des leçons très longues... Quarante sous le cachet... Cela vous convient-il ?

MUSÉUM.

Eh! madame, est-ce que je suis en position de refuser?... Il faut vivre, et la fortune est si rarement compagne du mérite... Homère récitait des vers pour avoir du pain ; Plaute tournait la meule d'un moulin... Vaugelas était fort pauvre... Le Tasse, n'ayant pas même de quoi s'acheter une lampe, priait sa chatte de lui prêter pendant la nuit la lumière de ses yeux, et fit sur ce sujet un joli sonnet qui commence ainsi.

Non avendo candele per iscrivere i suoi versi.

MADAME TAMPONNET.

Excusez, monsieur Muséum, mais tout cela veut-il dire que vous acceptez les quarante sous par cachet ?

MUSÉUM.

Positivement, madame, et demain je viendrai donner une première leçon à mon intéressant élève.

M. Muséum salua et partit. Alors madame Tamponnet prit son fils dans ses bras et l'emporta tendrement en s'écriant :

— Ah ! cher enfant ! tu peux te flatter que tu auras pour professeur un savant de la première force... Mais s'il voulait encore faire de toi un Pic, tu lui dirais que ta maman l'a défendu.

IV

ÉDUCATION DE THÉOPHILE

M. Muséum, devenu professeur du jeune Théophile Tamponnet, mettait de l'amour-propre à bien remplir la tâche qu'il avait acceptée. Malheureusement, son élève en mettait fort peu à s'instruire ; et dès qu'il voyait entrer son professeur, il poussait un gros soupir en se disant : Ah ! quand je serai mon maître, je n'e. urai pas !... On doit être bien heureux quand on est libre de faire ce qu'on veut.

Chez un enfant, libre de faire ce qu'on veut, signifie : libre de ne rien faire.

Et pour beaucoup de grandes personnes, cela a encore la même signification. Nous en avons eu de nos jours de nombreux exemples.

Peut-être le vieux poète voulait-il apprendre à son

élève trop de choses à la fois, ce qui embrouillait le petit Théophile, qui appliquait à une choses ce qui allait à une autre. Mais M. Muséum croyait au contraire sa méthode excellente ; lorsqu'il avait fait réciter à son élève quelques pages de son rudiment, il lui disait :

— Nous allons passer du grave au doux !... Vous allez apprendre par cœur quelques jolis vers que vous répéterez à votre maman, à table, au dessert... Et comme vous pourriez manquer de mémoire, vous tâcherez que l'on m'invite à dîner, parce qu'alors je serai près de vous et je vous soufflerai si vous ne saviez plus.

Quoique le petit Théophile n'eût guère plus de penchant pour le doux que pour le grave, il ne manquait pas cependant de dire à sa mère :

— Invite donc M. Muséum à dîner, maman, il me soufflera au dessert quelque chose dans l'oreille que je te dirai par cœur pour te surprendre.

Madame Tamponnet, enchantée d'entendre son fils lui réciter quelque chose, ne manquait pas d'inviter le professeur à dîner ; celui-ci mangeait comme quatre, le petit Théophil ânonnait au dessert une devise de mirliton, sa maman pleurait dans son assiette et tout le monde était content.

Lorsque madame Tamponnet donnait un grand dîner ou recevait nombreuse société, ce qui n'arrivait guère qu'à sa fête ou au jour de l'an, on ne manquait pas d'inviter M. Muséum, car alors on voulait que l'instruction précoce de Théophile brillât du plus vif éclat.

Il arrivait assez souvent dans ces circonstances que l'élève de M. Muséum restait court au moment de réciter un sonnet ou une fable; mais alors son professeur la soufflait depuis le commencement jusqu'à la fin : les auditeurs se croyaient au spectacle, où il n'est pas rare d'entendre la voix du souffleur couvrir celle de l'acteur, et ils se montraient aussi satisfaits que les claqueurs du parterre.

Un jour cependant un parent éloigné de madame Tamponnet, vieux garçon caustique, goguenard, prétentieux, et qui était de fort mauvaise humeur vers la fin du dîner, parce qu'au lieu de lui donner un morceau d'aile de volaille, on lui avait servi la carcasse, se permit de dire au dessert :

— Votre fils est déjà fort instruit, dites-vous, ma chère madame Tamponnet, je voudrais pourtant bien qu'il nous donnât quelques preuves de son... érudition... Car, enfin, tout à l'heure il ne savait pas deux vers de sa fable !...

A cette demande impertinente, madame Tamponnet devint rouge comme une crevette et s'écria : Ah ! vous doutez de l'instruction de mon fils, monsieur Morillon... Voilà qui me semble étrange, après ce que vous avez entendu tout à l'heure.

— C'est justement parce que je n'ai rien entendu tout à l'heure, si ce n'est son professeur qui soufflait comme un bœuf, que je désirerais maintenant que l'enfant répondît lui-même.

— Vous entendez, monsieur Muséum ! s'écria la maman, on doute des progrès, des connaissances de votre élève !... C'est un affront que vous recevez.

Le vieux poète, qui, pendant le repas, avait un peu abusé du vin de Pomard, en feignant de verser fréquement à ses voisins, répondit aussitôt :

— Eh bien, que ce monsieur interroge le jeune Théophile sur tout ce qu'il voudra, et il saura bien lui répondre !

M. Muséum s'avançait beaucoup, mais le pomard rend imprudent ; heureusement pour son élève, que M. Morillon, ancien marchand de bas, avait plus de jactance que d'instruction, et quand on lui dit d'interroger Théophile, il sembla lui-même aussi embarrassé que le petit garçon pour réciter sa fable.

Mais madame Tamponnet, enchantée de la réponse du professeur, n'était pas femme à laisser la chose en cet état. Elle regarda son parent qui se grattait le nez, le front et l'oreille, et lui dit :

— Allons, monsieur Morillon, interrogez mon fils, je vous y autorise... Je dirai plus, je vous le permets.

M. Morillon, après avoir rassemblé tous ses souvenirs scolastiques, prit un air sévère pour imposer au petit garçon, et lui dit :

— Qui fut le plus grand homme de César ou d'Alexandre !

Le petit Théophile répondit sans hésiter. C'est *Goliath* que le roi David tua avec une pierre.

Des applaudissements accueillirent cette réponse : M. Muséum se reversa du pomard et M. Morillon sembla surpris, mais il continua.

— Quels sont les vers les plus agréables et les plus coulants dans la bouche ?

— Ce sont les verres de champagne.

Les applaudissements de la société redoublent. M. Morillon a l'air abasourdi ; cependant il pose encore une question à l'enfant.

— Qui est-ce qui a inventé la poudre ?

— Oh ! ce n'est pas vous ! répond Théophile en tirant la langue au vieux garçon.

Ici les applaudissements devinrent si bruyants, que le portier monta pour savoir si l'on ne se battait pas chez la locataire. Madame Tamponnet embrassa son fils avec fierté et lui donna dix sous ; M. Muséum se reversa du pomard, et le vieux parent s'en alla de fort mauvaise humeur en disant : Je crois qu'ils sont tous gris.

Cette journée acheva de donner à madame Tamponnet la plus grande confiance dans le professeur de son fils ; elle lui laissa carte blanche dans le choix des sciences qu'il devait enseigner à son élève ; elle augmenta le prix des cachets, et invita depuis chaque jour le vieux poète à dîner.

Cependant, lorsqu'elle arrivait sans y être attendue dans la chambre où Théophile prenait ses leçons, madame Tamponnet trouvait souvent son fils en train de jouer au bilboquet, tandis que le professeur, assis devant une table, la tête appuyée dans une de ses mains, s'obstinait à vouloir terminer le dernier couplet de sa romance sur Pyrame et Thisbé.

Mais un jour la mère de Théophile ayant paru surprise du genre d'occupation de son fils, M. Muséum lui répondit aussitôt :

— Madame, les gens les plus lettrés, les gens les plus instruits, pour se relâcher, pour détendre un peu la contention ordinaire de leur esprit, se font presque tous des divertissements suivant la diversité de leur goût et de leur caractère. Ticho-Brahé faisait des verres de lunettes ; Barclay élevait des plantes et des fleurs ; Balzac s'amusait à faire des pastilles ; Galilée lisait l'Arioste ; Bussy-Rabutin se jouait avec Catulle, Ovide et Pétronne ; Guy Patin écrivait des choses légères à ses amis ; le cardinal de Richelieu jouait avec des chats ; le grand Frédéric jouait de la flûte ; monsieur votre fils peut, il me semble, jouer au bilboquet.

Lorsqu'on lui faisait de telles réponses, madame Tamponnet restait muette, confuse, humiliée par le savoir du professeur; elle s'en allait à reculons pour ne lui montrer que son visage, et envoyait des baisers à Théophile, en lui disant :

— Profite, mon ami, profite... Tu es entre bonnes mains... Ah ! Dieu ! comme ton maître en sait long !

L'élève profita si bien, qu'à quinze ans il savait à peine écrire et pas du tout calculer; mais en revanche il connaissait les règles de la versification et faisait assez bien un alexandrin; par exemple, il n'en faisait jamais qu'un.

V

L'EXCÈS EN TOUT EST UN DÉFAUT

M. Muséum mourut, en disant à son élève, qui lui répétait souvent qu'il voudrait bien être son maître : Mon cher ami, on n'est jamais bien sûr d'être son maître ; en général ce sont les évènements qui nous font agir et qui, par conséquent, sont les maîtres de nous, tandis que nous ne sommes jamais maîtres des évènements. Cependant avec une bonne santé, une honnête aisance et point d'ambition, on est assez ordinairement maître de l'emploi de sa journée... Ne faites jamais de projets au delà.

Le vieux professeur étant défunt, madame Tamponnet voulut un jour faire vérifier à son fils le mémoire de sa blanchisseuse ; mais Théophile, après être resté trois quarts d'heure sur l'addition, avoua qu'il lui était impossible de s'en tirer quand il y avait plus de deux chiffres l'un sur l'autre.

Plus tard, la maman pria son fils de lui écrire une recette pour faire du plum-pudding. Théophile écrivit sans faire de faute; mais il était absolument impossible de lire son écriture, et la cuisinière, à qui on avait donné la recette, fit un civet au lieu d'un plum-pudding.

A quinze ans et demi, il fallut donner à Théophile un maître d'écriture et de calcul. Mais comme celui-là n'apprenait que des choses utiles, on ne lui donna que vingt sous par leçon, et on ne l'invita jamais à dîner... *Vanitas vanitatum! Omnia vanitas!*

— Oh! se disait tout bas le jeune Tamponnet humilié, à près de seize ans faire des pages de pleins et déliés: quand je serai mon maître, il faut espérer que je n'aurai plus besoin de professeur et que je ferai enfin mes volontés.

Cependant, à l'âge de dix-huit ans, Théophile était parvenu à écrire assez lisiblement et il faisait ses quatre règles; car, en avançant en âge, il avait été lui-même honteux de son ignorance; et c'est souvent lorsque l'on cesse d'avoir des professeurs que l'on commence seulement à étudier avec fruit, car les leçons que l'on se donne soi-même sont celles dont on profite le plus.

Mais à dix-huit ans, les jeunes gens veulent s'instruire de toutes les façons ; il y a surtout le chapitre des amours et des femmes, dans lequel ils ne demandent qu'à devenir savants. A dix-huit ans, tant de plaisirs s'offrent à la jeunesse ; il faut dire aussi que la jeunesse de ce temps-là avait encore toutes ses illusions, qu'on n'entendait pas alors des hommes de vingt-quatre ans s'écrier :

— Je connais tout, j'ai usé de tout, je suis dégoûté de tout !... La vie n'est que mensonges ! trahisons ! déceptions !... A quoi bon vivre encore... j'en ai assez.

A ces jeunes vieillards... si dégoûtés, on pourrait répondre qu'ils sont très dégoûtants, que ce n'est pas la faute du siècle, s'ils ont perdu dans la débauche leurs dents, leurs cheveux, leur appétit et leurs illusions ; mais comme nous n'avons pas la prétention de corriger personne, nous nous contenterons de féliciter les jeunes gens assez simples pour avoir encore des illusions, dussent-ils en être la dupe. Celui qui est trompé est bien plus heureux que celui qui ne croit à rien.

Théophile Tamponnet avait pour voisin un jeune homme de son âge, nommé Adolphe Badinet, cet Adolphe Badinet courait les spectacles, les promenades, les bals champêtres ; il connaissait des fleuristes, des couturières, des brodeuses et même des modistes ; enfin il était lancé dans les amours et les plaisirs, et, sans être joli garçon, trouvait très facilement le placement de son cœur.

Plus d'une fois, Badinet avait dit à son voisin Théophile :

— Voulez-vous venir avec moi ce soir ? j'irai à Tivoli. (Dans ce temps-là il y avait un fort beau jardin de ce nom où se donnaient de brillantes fêtes, terminées par des pantomimes pyrotechniques.)

Théophile poussait un gros soupir et gardait le silence, son jeune ami reprenait pour le décider :

— Venez donc, nous nous amuserons beaucoup ; d'abord, je suis certain d'y rencontrer plusieurs fleuristes de ma connaissance, nous les ferons danser et valser, nous leur payerons des bavaroises... Avec une bavaroise au chocolat, si vous saviez comme on se fait vite aimer d'une grisette... Venez donc ! vous qui me répétez souvent que vous brûlez de faire une petite connaissance, vous n'aurez que l'embarras du choix... Eh bien ! voyons... qui vous retient ?...

— Qui me retient ? répondait Théophile en levant les yeux au ciel. Ah ! mon cher Adolphe ! si j'étais mon maître comme vous, je n'hésiterais pas une minute... mais hélas !...

— Je ne vous comprends pas.

— Je vais m'expliquer. Vos parents logent dans cette maison, mais leur appartement est au premier,

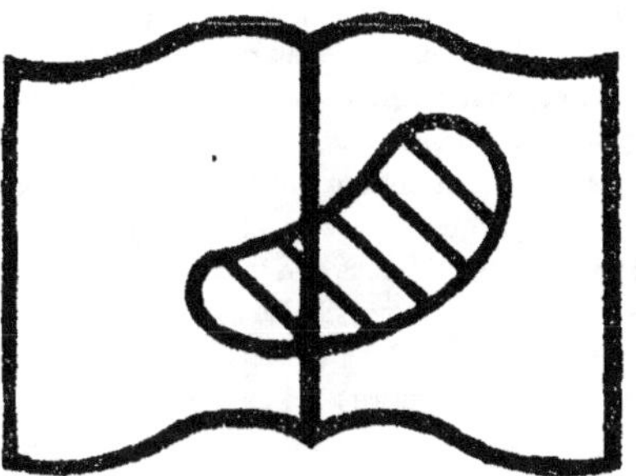

Illisibilité partielle

tandis que vous occupez, vous, une petite chambre au sixième...

— Oui, dans les mansardes, avec une fenêtre en tabatière, mais cela m'est égal, j'y suis mon maître; mon lit est rarement fait deux fois par semaine, ma chambre n'est balayée que par le vent qui vient de la fenêtre, mais je rentre à l'heure que je veux, quelquefois même il m'arrive de ne pas rentrer du tout; comme mes parents n'en savent rien, je ne suis jamais grondé, et pourvu que l'on me voie à l'heure du dîner, quelquefois le soir, et qu'on sache que je suis mes cours, je fais ce que je veux.

— Eh bie[illegible]r moi, il n'en est pas ainsi : je loge sous [illegible], dans le même appartement que [illegible]euve ; j'ai une fort jolie chambre, [illegible]alayée, bien frottée ; mon lit est [illegible] suis choyé, dorloté, gâté même ; [illegible]s dans la journée, on me fait de [illegible]t boire soir et matin ; si j'ai mal [illegible] prendre des bains de pieds; si [illegible] lorées qu'à l'ordinaire, on me [illegible] je me plains d'être fatigué, on [illegible]lu sucre ; enfin, je suis l'objet [illegible]ma mère qui a près de soixante [illegible] de son fils chéri ; mais cette [illegible]cès, devient quelquefois de la [illegible]e voudrait que je fusse toujours là, près d'elle, que je ne sortisse jamais sans elle. Si je parle de déjeuner, de dîner en ville, ma mère s'écrie :

Cela te fera du mal, cela te dérangera, tu seras malade. — Si je vais au spectacle et qu'il finisse un peu tard, ma mère est en faction à la fenêtre, en proie à la douleur la plus vive, elle guette mon retour ; quand un fiacre passe, elle crie, m'appelle, demande si je suis dedans. Enfin, si je forme le projet d'aller au bal, c'est bien une autre histoire ! Elle s'écrie : Tu reviendras donc au milieu de la nuit... tu seras donc assassiné, volé, dépouillé, assommé en route ; on ne parle plus que d'attaques nocturnes, je ne veux pas que tu y ailles. Si je persiste, ma mère répond : En ce cas, comme je ne dormirais pas avant que tu sois rentré, tu me diras où se donne ton bal, j'aime mieux aller t'attendre à la porte ; — et comme je ne me soucie pas, moi, que ma mère aille se mettre en faction chez un portier avec des domestiques, il s'ensuit que je me prive d'aller au bal... Ah ! Badinet, que vous êtes heureux d'être votr[illegible] maître, et d'avoir des parents qui ne vous gâte[illegible] point comme je le suis !

Le pauvre Théophile était en effet une victi[illegible] la trop grande affection de sa mère. Mada[illegible] ponnet ne voulait pas se dire qu'un ga[illegible]ève pas comme une fille, et que lorsqu'il [illegible]ant dix-huit ans, c'est folie de prétendre le garder toujours à ses côtés. A force de vouloir le bonheur de son fils, cette dame le rendait fort malheureux; elle le privait de tous les plaisirs de son âge, elle ne voulait pas comprendre qu'un peu de liberté est nécessaire à celui qui devient homme, et qu'en empêchant son fils de suivre ses penchants, ses goûts, d'avoir une volonté, enfin, elle finirait par en faire un être sans force, sans énergie, sans résolution, sans courage; que si la timidité a de la grâce chez une femme, elle est ridicule chez un homme, et nuit toujours à ses succès dans le monde, où la fortune ne sourit qu'aux audacieux.

Il y a des parents qui ne comprennent pas tout cela, et se bornent à répéter sans cesse : Je veux avoir toujours mes enfants sous les yeux, comme cela je serai certain qu'ils ne feront pas de sottises !

Triste raisonnement que celui qui répudie toute confiance ! Si les maris en faisaient autant avec leurs femmes... comme celles-ci aurait de l'agrément !

Théophile voulut cependant secouer un peu ce joug qui l'empêchait de connaître les plaisirs de son âge : un beau jour il accepta l'invitation de son ami Badinet, il alla avec lui dîner en ville, puis au spectacle, puis ensuite au café pour jouer au billard et boire du punch ; bref, il ne rentra qu'après minuit au domicile maternel.

Il trouva sa mère en pleurs, assise sur une borne devant leur demeure ; elle avait déjà donné à plusieurs patrouilles le signalement de son fils, elle avait promis vingt francs de récompense à celui qui le retrouverait ; elle devait le faire tambouriner le lendemain, et elle fut tellement heureuse en le retrouvant, qu'elle l'appela polisson, mauvais sujet, libertin, coureur ; enfin, elle le gratifia d'une foule d'épithètes qui prouvaient toute l'inquiétude qu'elle avait éprouvée de son absence, et qui n'en étaient pas moins malsonnantes aux oreilles de son fils, qui alla se coucher de fort mauvaise humeur en se disant : Quelle scène ! parce que j'ai fait comme la plupart des jeunes gens de mon âge ! Ah ! qu'on est malheureux d'être un enfant gâté !

Le lendemain, Théophile trouva sur la table de nuit de la tisane qu'il lui fallait boire ; ensuite la femme de ménage lui apporta, par ordre de sa mère, un lavement, qu'on le suppliait de prendre pour empêcher une maladie que devait amener la ribote de la veille.

Théophile voulut jeter la tisane par la fenêtre, et la seringue avec la tisane, mais toute la journée il fut poursuivi par sa mère qui tenait dans la main une tasse de tisane, et par la domestique qui portait le clystère. De guerre lasse, et quoiqu'il n'en eût nullement besoin, le jeune homme consentit à prendre tout ce qu'on lui offrait ; mais ce ne fut pas sans répéter encore : Quel ennui d'être tourmenté comme cela !... La tendresse qui nous rend malheureux ne vaut pas l'indifférence qui nous laisse en repos.

Et comme le pauvre garçon n'aimait ni les soins, ni la tisane, ni les lavements, il se priva des plaisirs de son âge, pour ne plus être exposé à tous ces désagréments.

VI

DEUX DAMES AU SPECTACLE

Madame Tamponnet mourut. Son fils avait alors vingt-sept ans ; à cet âge un homme est encore jeune... (nous en voyons qui le sont toujours, et ils ont bien raison) mais Théophile forcé malgré lui à une vie calme, paisible, retirée, avait presque perdu le goût de ces folies si naturelles dans la première jeunesse, et qui se font encore dans la seconde, quand on en a eu l'habitude.

Cependant Théophile avait un cœur sensible ; ce cœur contraint jusqu'alors de refouler ses penchants, pouvait enfin s'épancher à son aise.

Badinet, qui était toujours ami de Théophile, avait acheté une charge d'avoué, ce qui ne l'empêchait pas de continuer à mener une joyeuse vie comme dans sa première jeunesse : il vint alors trouver son ancien voisin et lui dit :

— Tu es ton maître, tu as assez de fortune pour vivre sans rien faire, ce qui est très commode quand on n'aime pas à s'occuper ; voilà le moment de jouir de la vie, mais pour cela, mon cher Théophile, garde-toi de former ce qui s'appelle une liaison durable... il n'y a rien de plus dangereux pour un garçon que d'avoir une maîtresse en titre... ne cherche jamais à avoir une véritable passion... il faut beaucoup se défier de ces passions-là... qu'un homme ait des amourettes, qu'il fasse des petites connaissances... en courant ; enfin, qu'il voltige de belles en belles et soit galant avec toutes, qu'il profite des bonnes fortunes qu'il rencontre sur son chemin, voilà le vrai moyen d'être heureux. Mais si tu t'amuses à vouloir être véritablement aimé, tu te prépareras une foule d'ennuis, de tracas, de chagrins, desquels tu auras ensuite beaucoup de peine à te débarrasser ; car il est souvent bien plus difficile de rompre une liaison que de la former, alors même qu'au fond de leur cœur les deux intéressés en aurait l'envie. Il y a tant de choses ici-bas que l'on continue de faire par habitude.

Théophile écoutait son ami, mais il se disait à part lui : C'est un singulier garçon que ce Badinet... il dit que c'est une sottise de chercher à être aimé de sa maîtresse, parce que probablement il n'a jamais pu l'être... ayant toujours été trompé, il désire que les autres le soient aussi... c'est pousser un peu loin l'amour-propre. Il me semble, à moi, que cela doit au contraire être fort agréable d'inspirer de tendres sentiments... d'être l'objet d'une véritable passion.

Et, pendant quelque temps, Théophile n'allait dans le monde, aux spectacles, aux concerts, aux bals, que dans l'espoir d'y faire une conquête, mais il n'était pas assez joli garçon pour séduire au premier coup d'œil, ni même au second ; il n'avait pas un nom connu dans les arts, une réputation, choses qui aident beaucoup à la conquête et font souvent oublier la laideur ; enfin, il n'était pas assez riche pour que l'on passât par-dessus les défauts du physique et du moral.

Le pauvre Théophile en était donc pour ses œillades ; lorsqu'il apercevait une jolie femme dont il aurait été fier de devenir l'amant, il s'épuisait en vain en soupirs, en positions gracieuses, en galanteries ; il se donnait beaucoup de mal pour rien. Les conquêtes ressemblent à une foule de faveurs de la fortune, qui vous fuient quand on les désire, qui pleuvent sur vous dès qu'on ne les cherche pas. Le proverbe a raison qui dit : « L'eau va à la rivière. »

Avec de l'or vous rencontrez mille occasions d'en gagner ; avec deux ou trois maîtresses vous êtes accablé de bonnes fortunes, elles vous guettent dans la rue, elles vous arrêtent sur le boulevard et vous attendent chez votre portière.

Enfin, un soir, le hasard, la destinée, la sympathie, ou plutôt l'affiche du spectacle, engagèrent Théophile à entrer au théâtre de la Gaîté, où l'on donnait un drame fort en vogue; il se trouva placé dans une loge derrière deux dames très élégantes et dont l'une, qui paraissait avoir vingt-huit ans environ, était assez jolie et possédait une taille fine, une main mignonne et un bras potelé. Quant à l'autre, elle était d'un âge mûr et suffisamment laide pour faire ressortir la beauté de son amie.

Aussitôt voilà notre chercheur de conquêtes qui se livre à toutes les évolutions qu'il croit susceptibles de produire de l'effet : il pince sa bouche, son nez, sa langue ; il tâche d'agrandir ses yeux en les ouvrant le plus possible; il rejette ses cheveux de côté pour se donner ce qu'on appelle un coup de vent ; il rapproche les deux bouts de son col, tire son gilet, rajuste sa cravate, puis se met à fredonner entre ses dents un petit air qu'on peut prendre pour tout ce qu'on veut.

Pendant que Théophile s'exerçait à ce travail, qui ne laissait pas, que d'être fatigant, la dame pour laquelle il faisait toutes ces jolies choses s'était retournée plusieurs fois pour regarder son voisin qui devait être fort laid et fort ridicule lorsqu'il faisait l'exercice pour une conquête : mais celle-ci ne pouvait pas douter que ce ne fût pour elle que ce monsieur se donnait tant de mal; les femmes sont indulgentes quand elles ne sont pas en train de se moquer, et puis, celle-ci était peut-être dans les mêmes dispositions que son voisin. Dans ce cas la connaissance se fait très vite.

Tamponnet s'aperçut qu'on lui lançait un doux regard, aussitôt il s'arrêta au milieu d'une roulade qu'il était bien fâché d'avoir commencée; il risqua quelques mots sur la pièce, sur les acteurs, on lui répondit, et dès ce moment la conversation fut engagée.

La pièce commença : c'était un drame fort larmoyant, la jolie dame porta plusieurs fois son mouchoir à ses yeux; alors Théophile se moucha comme s'il eût voulu jouer de la trompette.

— Elle est sensible, se disait-il, elle pleure au spectacle... à la Gaîté!... c'est une preuve que son âme n'est point encore blasée... et qu'elle ne va pas tous les jours aux Français... C'est une femme qui a encore les goûts naïfs et primitifs... elle s'émeut facilement... et elle me regarde d'une façon assez encourageante... elle est fort bien mise... tournure distinguée... Je ne l'ai pas vue marcher, mais c'est égal, elle doit avoir la tournure distinguée, cela se voit rien qu'à la manière dont elle appuie son bras devant la loge;... jolie figure... des yeux qui disent beaucoup de choses;... c'est bien la conquête que j'avais rêvée... ce doit être une dame de grande maison... ou une femme de lettres... ou une lingère en magasin, n'importe! pourvu qu'elle soit libre... après tout, une femme est toujours libre quand elle le veut.

Dans l'entr'acte Théophile ne manque pas d'aller chercher des oranges qu'il revient offrir à sa voisine et à son amie, grosse femme fort jaune qui avait assez l'air d'une mulâtresse et qui en parlant laissait entendre un accent qui tenait du normand et du limousin, et employait des locutions et des liaisons plus qu'étrangères.

Notre galant, tout en causant, cherche à faire expliquer la jolie dame sur sa position; celle-ci semble ne pas mieux demander que de se faire connaître; elle dit à son voisin en minaudant fort gentiment:

— Mon Dieu, monsieur, cela vous semble peut-être fort singulier de voir au spectacle deux dames sans cavalier...

—Pourquoi donc cela, madame... tous les jours... ou plutôt tous les soirs cela se voit... toutes les dames n'ont pas des maris complaisants et disposés à les mener au spectacle lorsqu'elles en ont l'envie; il en est d'ailleurs qui ont des affaires, des occupations qui les empêchent d'être libres de leur soirée, alors il faudrait donc que leurs pauvres femmes fussent privées d'un plaisir qui est fort à la mode et fort innocent. Ensuite il y a les dames veuves... ou celles dont les époux sont en voyage... car il y a des maris qui voyagent presque toute l'année. Voilà encore des dames qui n'ont pas toujours à leur disposition un cavalier pour les mener au spectacle... madame est peut-être dans ce cas-là?...

— Moi, monsieur, je suis veuve... d'un général... dont le nom était bien connu. Vous n'êtes pas sans avoir entendu parler du général Croutmann.

— Le général... Croute... oh! oui, madame, oui... j'en ai beaucoup entendu parler, répond Théophile qui entendait ce nom pour la première fois.

— Il avait sept croix, monsieur.

— Fichtre! murmura Théophile, autant que de boutonnières.

— Il avait perdu une jambe... à la bataille de... cette fameuse bataille, le nom n'y fait rien! il avait eu un œil percé par un boulet de canon au siège de... un très grand siège... on ne connaît que celui-là... il avait laissé un bras à la prise de... vous savez bien... la prise... une si belle prise. Je ne puis jamais me souvenir des noms...

— Cela ne fait rien, madame.

— Enfin, à la dernière affaire où il assistait, il a laissé...

— Ah ! mon Dieu, madame, que pouvait-il donc encore laisser sur le champ de bataille ?

— Il y a laissé son cheval, monsieur, un cheval magnifique, qui avait été son compagnon fidèle depuis quinze ans. Le général Croutmann ne put se consoler de cette perte, il mourut aussi quelques mois après, me laissant veuve et fort jeune encore, avec une fortune médiocre... et si peu d'expérience... Je ne sais ce qui me serait arrivé si le ciel ne m'avait donné une amie sincère et dévouée... Vous la voyez avec moi... madame Potiche, qui a quitté la Savoie, sa patrie, pour venir entreprendre à Paris un commerce de queues de boutons dans lequel elle aurait gagné immensément d'argent si elle n'avait pas essuyé dix-neuf banqueroutes... Mais elle est philosophe et toujours au-dessus des évènements.

Théophile croit devoir faire un salut respectueux à cette dame qui a essuyé tant de revers dans les queues de boutons ; mais, en ce moment, madame Potiche était tellement occupée à avaler plusieurs quartiers d'orange avec leurs pépins, qu'il en est pour ses politesses, qu'on n'a pas remarquées. La veuve du général Croutmann le dédommage bien de l'inattention de madame Potiche ; la jolie dame est extrêmement causeuse ; elle est bientôt avec Théophile comme si elle le connaissait depuis longtemps. Celui-ci est enchanté, transporté ; il a déjà presque risqué une déclaration, et on lui a souri ; et cette excellente madame Potiche ne s'est pas retournée une seule fois pour troubler la conversation que l'on tient près d'elle ; c'est une amie remplie de discrétion, et que l'on mènera souvent au spectacle.

Le drame est fini ; tout le monde part avec les larmes aux yeux ; les femmes ont, en plus, le nez rouge ; mais on s'est bien amusé, et l'on se promet de revenir pleurer à la Gaîté, théâtre qui a la spécialité des larmes.

Théophile est près de la jolie veuve. Lorsqu'on est sur le boulevard, il aperçoit avec joie qu'il tombe quelques gouttes d'eau, il se hâte d'offrir une voiture aux deux dames, qui ne font aucune façon pour l'accepter. Une petite citadine se trouve là, la belle veuve du général y a monté avec légèreté, l'énorme madame Potiche y entre avec l'aide du cocher, qui ne craint pas de la pousser par son centre de gravité ; il ne reste à Théophile que le petit siège qu'on relève pour lui, et, pour placer ses jambes ; il est obligé d'emboîter une foule de choses énormes appartenant à madame Potiche ; mais, quand on a le cœur pris par de nouvelles amours, où ne tiendrait-on pas pour être près de celle qui nous a charmé ?

Théophile est horriblement serré, mais il se trouve très bien ; il ne peut pas faire un mouvement sans être presque écrasé par les bras, les genoux ou les mollets de madame Potiche, mais la veuve du général Croutmann lui a pern..s de venir lui rendre visite ; la grosse amie s'asseoirait sur lui, qu'il serait capable de la supporter.

On arrive devant la demeure de la jolie femme, qui loge dans une assez belle maison de la rue Mazagran. Théophile croit alors se trouver libre de renvoyer sa voiture ; mais madame Potiche ne demeure pas dans la même maison que la veuve du général, et celle-ci a dit à son nouvel adorateur :

— Est-ce que vous aurez la bonté de remettre mon amie chez elle ?

Cette prière est faite sur un ton si insinuant qu'il n'y avait pas moyen de n'y point obtempérer. Théophile s'est empressé de répondre.

— Comment donc, madame ; mais avec le plus grand plaisir.

VII

LE TABAC ET LES PETITS CHIENS

Et bientôt il est assis dans la citadine à côté de l'énorme dame qui a crié au cocher : Rue de Lourcine, quartier Mouffetard, la maison du boulanger.

Le pauvre Théophile se sent tressaillir ; il se demande comment une personne qui semble aussi distinguée que sa nouvelle conquête, peut avoir une amie qui loge rue de Lourcine ; puis il prend son parti en se disant : C'est un moment à passer. Toute médaille a son revers ! Cette dame ne m'a pas semblé causeuse, je pourrai penser à mes amours.

Mais Théophile se trompait ; si madame Potiche n'ouvrait pas la bouche lorsqu'elle était avec son amie, c'est que probablement c'était sa consigne. Elle se dédommageait quand la veuve du général n'était plus là.

Son infortuné compagnon est obligé d'entendre l'histoire des tribulations qu'elle a essuyées depuis qu'elle est à Paris, plus, celles de son premier mariage avec un homme qui la rouait de coups pendant leur lune de miel; ce qui, à juste titre, la faisait trembler pour les lunes qui devaient suivre, lorsqu'une pleurésie emporta le monsieur, qu'elle ne jugea pas à propos de regretter.—Plus, l'histoire de son second mariage avec M. Potiche, un homme aussi doux, aussi tendre que son premier époux était brutal, un homme qui l'adorait, qui passait une partie de sa vie à ses pieds, qui lui dérobait ses jarretières pour avoir le plaisir de les lui remettre; enfin, un homme qui voulait se coucher à huit heures, et ne se lever qu'à midi. Et tout cela entremêlé d'adverbes inconnus et de liaisons bien hasardées.

Théophile écoutait avec la résignation d'une personne qui n'est pas obligée de répondre, et qui, par conséquent, a le droit de penser à autre chose. Mais à son bavardage, madame Potiche joignait un autre défaut plus désagréable, plus incommode, et contre lequel son malheureux compagnon cherchait en vain un remède. Cette grosse dame prenait du tabac, elle s'en bourrait le nez; de plus, elle tirait souvent son mouchoir, et de cet infâme mouchoir s'exhalait cette odeur de vieux tabac, de roupies, qui n'est pas supportable même chez les personnes qui prennent un mouchoir blanc tous les jours, et madame Potiche n'en changeait que deux fois par semaine.

Ah! ne parlez pas d'une femme qui prend du tabac... il n'y a point de beauté, de grâces, de jolis traits, de jolis yeux, d'esprit, de gentillesse, d'amabilité qui puisse faire excuser cette horrible coutume... L'odeur du tabac chez une femme a quelque chose qui la vieillit, l'enlaidit et la fait tomber sur-le-champ au rang des portières et des marchandes de chiffons ; et c'est en vain que les femmes qui ont ce malheureux défaut cherchent à le dissimuler, en prenant toutes les précautions imaginables... Elles ont beau faire, il leur reste toujours quelque chose qui les décèle, qui les trahit; leur nez d'ailleurs prend une autre forme... car il est bien prouvé que cette vilaine poudre que vous y insinuez finit par les grossir et les jaunir.

Par pitié pour vous-mêmes, mesdames, ne prenez pas de tabac. Ah! encore un avis en passant : n'allez pas, dans l'âge d'aimer et de plaire, vous prendre d'une belle passion pour les petits chiens. Voilà encore une chose qui vous fait bien du tort près des hommes. Une femme qui aime les petits chiens... Mais voyez donc où cela conduit. Chez elle, c'est une foule d'exigences, de soins, de précautions qu'il faut prendre pour ne point contrarier, déranger ou blesser l'animal chéri.

Vous arrivez chez une dame qui a un petit chien; vous vous présentez d'un air empressé, galant; vous vous flattez que votre visite fera plaisir. A peine vous a-t-on souri à votre entrée; au lieu d'écouter vos compliments, on est distrait, on regarde à droite, à gauche, sous les meubles, derrière les coussins. Comme ce manège ne tarde pas à vous ennuyer, vous dites :

— Qu'avez-vous donc, madame, vous paraissez inquiète, préoccupée... vous serait-il arrivé quelque évènement fâcheux?...

— Ce que j'ai... c'est Zaza que je cherche... Zaza, ma petite chienne... Elle était là tout à l'heure, couchée sur mon sofa, quand vous avez sonné... et je ne la vois plus... Que peut-elle être devenue?... C'est que je ne veux pas qu'elle sorte.

— Mon Dieu, madame, votre chienne n'est pas perdue, elle se retrouvera; je venais vous demander s'il vous serait agréable d'aller ce soir...

— Je la retrouverai!... Comme vous dites cela, monsieur; mais je l'espère bien, que je la retrouverai... D'abord, si je perdais Zaza, je ne m'en consolerais jamais... Julie! Julie!

— Alors, madame, vous ne pouvez pas me dire si ce soir il vous serait agréable...

On ne vous écoute pas, on sonne la bonne, on ordonne des recherches, des perquisitions dans toute la maison; on fait déjà des conjectures. On veut deviner quel est le locataire assez scélérat pour avoir retenu, gardé Zaza; on promet une forte récompense; on fera interroger toutes les fruitières, tous les épiciers du quartier. La bonne part pour commencer les recherches, et, en revenant à sa place, la dame aperçoit la chienne chérie qui s'est couchée sur une bergère et qui était cachée par quelques robes sur lesquelles elle s'est oubliée.

Alors la joie, la bonne humeur, l'amabilité renaissent chez cette dame si maussade quelques moments auparavant, et si vous avez la maladresse de faire remarquer que Zaza a laissé des traces de son séjour sur la bergère, on répond :

— Oh! ce n'est rien; la couturière mettra un autre lé à cette robe... J'ai encore de l'étoffe pareille.

Et faites bien attention que cette même dame entrerait en fureur ou aurait des attaques de nerfs si un enfant, avec des mains couvertes de confitures, était venu en jouant se cacher dans les plis de sa robe. Il paraît que les confitures lui inspirent infiniment plus de dégoût que les méfaits de sa chienne; et puis, qu'est-ce qu'un enfant auprès de Zaza, ce petit animal qui aboie d'une façon assourdissante après les gens mal mis? Quel instinct! Quand un

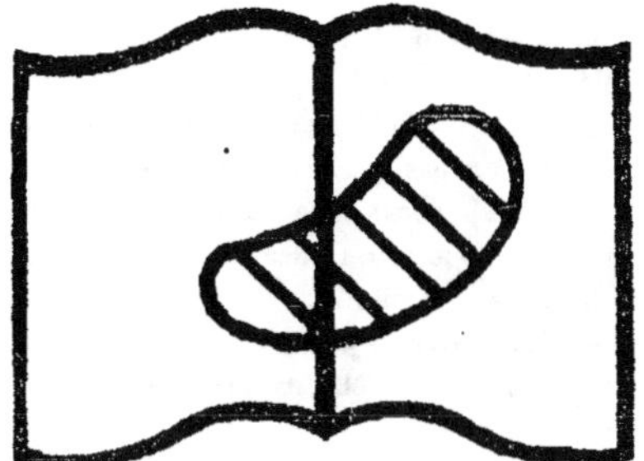

Illisibilité partielle

enfant a le malheur de pleurer, de se plaindre, de dire qu'il a *bobo*, on appelle la bonne et on lui dit :

— Couchez-le bien vite... il est insupportable ce soir.

Quand le petit chien grogne, aboie au point qu'on ne s'entend pas parler, et veut quelquefois vous mordre les jambes, cette dame lui donne des gimblettes, du sucre, on l'accable de caresses pour le calmer, en vous disant :

— Vous l'avez taquiné, c'est votre faute... il ne peut pas souffrir être taquiné, c'est son caractère.

Allez-vous à la promenade avec cette même dame, elle emmènera sa chienne, après avoir veillé à sa toilette, l'avoir peignée avec soin ; souvent elle lui attachera un nœud de ruban rose au cou, elle la tient en laisse ; mais ne pensez pas marcher comme tout ce monde qui se promène. A chaque instant il faudra vous arrêter parce que Zaza s'arrête, et s'il plaît à la chienne de faire de longues pauses, de rester longtemps contre une borne-affiche, de vouloir causer avec quelque passant de son espèce, il vous faudra vous arrêter tout aussi longtemps qu'elle, alors même que vous vous trouveriez dans un endroit où il y aurait de la crotte, ou bien dans un passage dangereux à cause des voitures, en somme, vous n'êtes donc sorti av[illegible] cette dame que pour être aux ordres de sa chienne... Prenez garde qu'on ne vous la fasse porter... Cela s'est vu.

En avez-vous assez ? Attendez, voici le bouquet... quelque chose qui surpasse tout le reste et qui serait incroyable si nous ne l'avions pas vu, et très souvent même.

Cette adorable petite chienne, qui, à la promenade, a pu satisfaire toutes ses fantaisies, si elle est fatiguée, sa maîtresse la prend dans ses bras, la porte pour revenir, et, de temps à autre, l'animal, par reconnaissance, par attachement et surtout parce qu'on le lui a appris, allonge la tête, tend le museau et [illegible] à lécher le visage de sa maîtresse ; alors celle-ci est enchantée, attendrie, elle se laisse lécher la figure et accable l'animal des noms les plus doux pour le remercier de ses caresses.

Et si vous avez l'avantage d'être bien avec cette dame, lorsque vous serez pour la quitter, elle vous tend sa figure pour que vous l'embrassiez.

En pareille circonstance j'ai vu un jeune homme se reculer, avec dégoût, et dire à la dame, qui était cependant fort jolie :

— Pardon, ma chère amie, mais je ne me soucie point de toucher avec mes lèvres les places léchées par votre chienne qui, tout à l'heure, lorsqu'elle était à terre, a fait les mêmes amitiés à plusieurs de ses pareils... seulement, elle ne s'adressait pas à leur visage.

La jeune dame trouva ce monsieur fort ridicule. Quant à elle, pour tout au monde vous ne lui auriez pas fait embrasser un enfant qui aurait eu la figure un peu barbouillée.

VIII

UNE MAITRESSE

Le tabac et les petits chiens nous ont fait oublier Théophile Tamponnet, que nous avons laissé dans une position assez désagréable, forcé de reconduire dans un quartier perdu cette grosse dame qui prisait et l'empoisonnait avec son mouchoir.

Enfin, notre galant a terminé sa corvée. Il a mis madame Potiche rue de Lourcine, il est rentré chez lui, et peut se livrer à sa joie...il a fait une conquête... ce qu'il cherchait en vain depuis si longtemps ; et cette conquête est jeune, élégante, jolie et spirituelle... car Théophile a trouvé que cette dame avait beaucoup d'esprit dans la conversation. Peut-être n'était-il pas bien exigeant, ou l'amour avait prêté son charme à ce qu'il avait entendu, ensuite, comme tout est relatif, cette dame pouvait avoir beaucoup d'esprit pour lui, et n'en aurait eu que médiocrement près d'un autre.

Le lendemain, notre galant s'est rendu chez la veuve du général Croutmann. Sa nouvelle connaissance l'accueille fort bien. Théophile méritait une récompense pour avoir, la veille, reconduit madame Potiche rue de Lourcine; il était très amoureux et demandait beaucoup de choses. La jolie veuve ne semblait pas avoir l'intention de se montrer bien cruelle; cependant avant de se rendre, elle n'était pas fâchée de dicter ses conditions.

— Si jamais j'étais assez faible pour céder au penchant de mon cœur, dit la veuve du général en lançant à Théophile des regards qui achevaient de lui tourner la tête, je voudrais d'abord être bien certaine d'être aimée...

— Ah ! madame, vous ne pouvez pas douter des sentiments que...

— Un moment, monsieur; comment comprenez-vous l'amour, s'il vous plaît? C'est que je trouve qu'il y a mille manière d'aimer : quelle est la vôtre?

A cette question assez insidieuse, Théophile se sentit fort embarrassé; il avait si peu ou si mal aimé dans sa vie qu'il ne savait pas trop lui-même quelle était sa manière. Mais, enflammé par les beaux yeux qui étaient devant lui, il répondit, en accompagnant ses paroles de profonds soupirs :

— Ma manière d'aimer, madame, ah ! ce serait de vous répéter sans cesse que je vous adore... que jamais je n'ai rencontré dans le monde une femme qui pût vous être comparée... ce serait de passer ma vie à vos genoux, d'admirer vos yeux si séduisants, si beaux ; votre bouche si aimable, si spirituelle ; votre front si noble ; votre main si bien faite, si blanche ; votre taille svelte, fine, élégante ; votre...

La jeune veuve juge convenable d'arrêter ce monsieur, qui aurait peut-être été fort en peine de savoir comment s'arrêter lui-même : elle l'interrompt par un grand éclat de rire, en s'écriant :

— Ah ! monsieur, s'il vous fallait passer votre vie comme vous venez de le dire, je cesserais bientôt de vous paraître jolie, et mes faibles attraits, que vous avez la bonté de louer en ce moment, perdraient chaque jour de leur charme à vos yeux.

— Pouvez-vous croire, chère madame de Crout...

— Appelez-moi Alphonsine ; c'est mon petit nom, je vous permets de me le donner.

— Ah ! que vous êtes bonne !... Pouvez-vous croire, séduisante Alphonsine, qu'on puisse cesser de...

— Pardon, monsieur, mais jusqu'à présent vous avez fait des serments, des protestations, comme tous les hommes en font lorsqu'ils veulent persuader à une femme qu'ils l'aiment et lui seront fidèles : moi, je trouve cela très vague, et ce n'est pas de cette manière que l'on prouve à une dame que l'on a véritablement de l'attachement pour elle.

— Ah ! ce n'est pas de cette manière...

— Non, monsieur. Si vous voulez me le permettre, je vous dirai, moi, comment il faut qu'on se conduise avec une femme pour qu'elle croie à votre amour.

— Dites, madame, dites, je vous en prie ; je ne perdrai pas un mot, car c'est une leçon dont j'espère profiter.

— Monsieur, la meilleure manière de prouver à une femme qu'on l'aime, c'est assurément de chercher à la rendre heureuse ; car il ne suffit pas que votre amour vous rende heureux, vous, ceci serait de l'égoïsme ; il faut, avant tout, qu'il fasse le bonheur de votre amie : ce sera le plus sûr moyen de vous l'attacher. Rendre une femme heureuse n'est pas une chose bien difficile ; que faut-il pour cela ? Contenter tous ses goûts, satisfaire tous ses désirs, être toujours aux petits soins près d'elle ; lui donner tous les chiffons, tous les bijoux dont elle peut avoir envie ; être soumis à ses volontés, et surtout ne prendre aucune distraction, aucun plaisir sans elle. Voilà, monsieur, la bonne manière d'aimer.

Théophile a écouté la veuve du général Croutmann

avec beaucoup plus d'attention qu'il n'en avait jadis pour écouter son professeur, ce digne M. Muséum. Lorsque la jolie dame a cessé de parler, il lui prend la main qu'il porte sur son cœur, en disant :

— Tout ce que vous venez de me dire est gravé là... je n'en ai pas perdu un mot !

— Et ferez-vous tout cela... si on a la faiblesse de vous aimer.

— Je le ferai, je le jure sur...

— Point de serment ! En amour ils n'ont jamais servi à rien. Mais prenez garde, ne vous engagez point légèrement, je suis peut-être un peu exigeante.

— Vous ne le serez jamais trop.

— Songez que je ne suis pas de ces femmes que l'on prend et que l'on quitte comme un vêtement à la mode !

— Ah ! madame, me croyez-vous capable de vous comparer à quelque chose que l'on quitte facilement ?

— Je porte un nom honorable, j'ai une position dans le monde... Je ne suis point une grisette, monsieur.

— Vous en êtes à cent lieues, madame.

Madame Croutmann ayant bien fait toutes ses conditions, toutes ses réserves, Théophile ayant adhéré à tout, l'affaire ne pouvait manquer de s'arranger...

Au bout de quelques jours, Tamponnet se promenait la tête haute, le nez au vent, se dandinant tant soit peu sur les hanches ; enfin il avait cet air satisfait, conquérant, d'un homme qui a une jolie maîtresse et qui n'est pas habitué à ces choses-là.

Il rencontre un matin son ami Badinet, celui-ci sourit de loin en l'apercevant et lui dit en l'abordant :

— Diable ! mais nous avons un air de triomphateur aujourd'hui !... Je gage que tu as maintenant plus de bonnes fortunes que tu n'en veux ?

— En effet, cher ami... j'en ai, pas plus que je n'en veux, car je n'en ai qu'une, mais elle suffit à mon bonheur... Ah ! Badinet, si tu savais combien je suis heureux... Une femme charmante, une femme très distinguée, veuve d'un général qui avait laissé la moitié de sa personne sur des champs de bataille... le fameux général Croutmann qui a eu un œil emporté par un boulet de canon...

— Par un boulet... Et le boulet n'a touché qu'à l'œil !... Il fallait qu'il fût bien petit ce boulet-là. Demande donc à ta générale de quel calibre il était...

— Ah ! Badinet, si tu vas déjà commencer à te moquer, je ne te conte plus rien... Tous les jours on dit... un boulet... et cela signifie un éclat de bombe.

— A la bonne heure ! je te passe un éclat de bombe.

— Enfin, mon cher, une veuve et une femme jolie, pleine d'esprit, très bien élevée ; on voit qu'elle a reçu une brillante éducation.

— Elle est musicienne?

— Elle a une voix délicieuse, elle vocalise supérieurement.

— Elle touche du piano?

— Elle en touchera dès que je lui en aurai donné un.

— Ah! il paraît que tu fais des cadeaux...

— Oh! que c'est joli!... ta réflexion est bien bonne. Est-ce que tu as eu des maîtresses auxquelles tu n'as pas fait de cadeaux, toi?

— Mais, oui, quelquefois... souvent même... J'en fais assez volontiers à celles qui ne m'en demandent pas, mais rarement à celles qui en veulent.

— Je ne m'étonne plus si tu n'inspires jamais une passion profonde...

— Pauvre Théophile... tu me fais rire... C'est donc une passion que tu as inspirée, toi?

— Oui, mon cher, on m'adore!... On ne peut pas se passer de moi; je mène l'existence la plus riante. Sans cesse aux spectacles, à la promenade, en calèche aux bois; ensuite nous dînons chez les meilleurs restaurateurs.

— Cela doit te coûter un peu cher, cette maîtresse-là... Viens donc déjeuner avec moi, tu me conteras où tu en as fait la connaissance.

— Mon ami, ce serait avec plaisir, mais cela m'est impossible, Alphonsine... c'est le nom de mon adorée, m'a fait promettre de la mener ce matin au Jardin des Plantes pour voir les bêtes à cornes.

— Tu l'y mèneras demain.

— Oh! non pas!... Demain nous avons l'emploi de notre journée; nous devons aller aux Gobelins... le jour suivant aux Invalides...

— Viens donc toujours, tu arriveras un peu plus tard, voilà tout... D'ailleurs, des bêtes à cornes, on en voit partout; il n'y a pas besoin d'aller au Jardin des Plantes pour cela.

— Mon cher Badinet, je te répète que je ne puis accepter ton invitation; il faut même que je te quitte, car avant d'aller prendre Alphonsine, il faut que j'aille chercher son amie, madame Potiche, qui vient avec nous.

— Madame Potiche! quelle est cette chinoiserie-là?

— Ce n'est point une chinoiserie, c'est une dame fort respectable et très puissante, qui a eu deux maris et des malheurs... qui a essuyé des banqueroutes et des revers... Elle servait de Mentor à Alphonsine, depuis que celle-ci avait eu la douleur de perdre le général Croutmann... Alphonsine aime beaucoup madame Potiche, elle a pour elle une foule d'égards, de petits soins, de prévenances... J'ai même cru remarquer qu'elle lui donne ses vieilles robes, dont cette dame se fait des neuves... Qu'est-ce que tu as donc à rire?... Tu es terrible pour cela, Badinet, tu ris souvent quand on parle...

— Je songeais à ton bonheur, si tu promènes cette madame Potiche avec ta maîtresse.

— Mais oui, Alphonsine tient à l'emmener avec nous... pour le *décorum;* moi, j'avoue, entre nous, que je m'en passerais volontiers... que même j'aimerais autant n'avoir au bras que ma douce amie... Ce n'est pas que madame Potiche soit incommode en société... au contraire, c'est une femme qui fait tout ce qu'on veut... qui s'amuse partout... surtout dans les restaurants... Elle a un appétit magnifique; rien ne lui fait mal... Elle n'a pas plutôt fini de dîner qu'elle recommencerait... Mais, ce que je n'aime guère, c'est qu'elle prend du tabac...

— Ah ! elle prise...

— Comme le roi de Prusse.

— Ton Alphonsine doit fumer alors?

— Des cigarettes seulement, vers la fin du dîner.

— Comment fais-tu, toi, qui ne fumes pas, qui détestais l'odeur du tabac?

— Je m'y fais... Je commence même à fumer le tiers d'un cigare... Ah ! mon ami, l'amour fait faire bien des choses !

— Oui, c'est vrai, il fait fumer surtout.

— Adieu, Badinet, je te quitte... Je vais chercher l'amie d'Alphonsine. A propos, et toi, es-tu toujours avec cette jolie brune que tu avais au bras la dernière fois que je t'ai rencontré aux Champs-Élysées ?...

— Avec Ernestine ?

— J'ignore si elle se nommait Ernestine.

— Ah ! mon cher ami, j'en ai changé bien des fois depuis ce temps-là.

— Je te souhaite beaucoup de plaisir, moderne Joconde.

— Viens donc déjeuner...

Pour toute réponse, Théophile serre la main de son ami et s'éloigne en courant, parce qu'il a peur d'être en retard

IX

MADAME POTICHE

Un mois environ après cette entrevue des deux amis, Badinot rencontre encore Théophile sur les boulevards; mais cette fois, celui-ci a les deux bras pris; à la gauche, du côté du cœur, il tient sa conquête, sa belle Alphonsine, qui est mise avec autant de goût que d'élégance, et semble s'occuper beaucoup de l'effet que fait sa toilette sur les personnes qui passent.

A sa droite, Théophile tient madame Potiche, l'énorme dame dont le nez bourré de tabac ressemble à une pipe que l'on voudrait allumer, a une robe trop étroite pour son embonpoint, et trop courte par devant, ce qui laisse voir un bas mal tiré et n'empêche point cette dame de se carrer dedans, et d'avoir en marchant un laisser-aller qui doit bien fatiguer le bras de son cavalier.

Celui-ci fait une assez triste mine entre ces deux dames ; sa physionomie est celle de quelqu'un qui s'ennuie horriblement et fait ce qu'il peut pour avoir l'air de s'amuser. Il parle de temps à autre à sa dame de gauche qui ne l'écoute guère, et il ne répond pas à sa dame de droite qui lui parle toujours. En apercevant son ami Badinet, qui le salue d'un air goguenard, il s'efforce de lui sourire et ne serait pas fâché de s'arrêter un moment pour lui parler, mais on le tire à gauche et à droite, il faut qu'il continue de marcher ; il n'y a pas moyen de résister à ces deux courants qui l'entraînent.

— Pourquoi donc vous arrêtiez-vous, mon bon ? demande Alphonsine, tout en faisant avancer son cavalier.

— Ma chère amie, c'est que je venais d'apercevoir un de mes amis... Badinet, dont je vous ai parlé quelquefois.

— Ah ! ce monsieur qui vous a ri au nez en passant... C'est votre ami Badinet... il me déplaît horriblement, cet homme-là... il s'est à peine incliné devant moi... Quel mauvais genre... J'espère que vous n'allez plus avec ce monsieur-là...

— Quand voulez-vous que j'y aille, douce amie, puisque je suis sans cesse avec vous...

— Pas encore assez, peut-être... Vous étiez d'une demi-heure en retard ce matin... Vous avez fait attendre madame Potiche...

— C'est la faute de mon tailleur... J'attendais un habit...

— Vaines défaites! vous n'avez pas qu'un habit.

— Je voulais me parer... pour vous plaire... et puis votre amie demeure si loin... rue de Lourcine... près d'une lieue de chez vous... Cela fait perdre bien du temps.

— Vous avez raison, mon bon, et je comprends votre idée, il faut faire déménager cette excellente amie, dès demain nous lui chercherons un logement dans mon quartier... dans ma rue, s'il y en a... Ah! il me semble que dans ma maison même il se trouve en ce moment quelques petits appartements vacants... Je m'en informerai en rentrant... Entends-tu, madame Potiche, je vais te loger dans ma maison... C'est une idée de Théophile, n'est-ce pas que c'est gentil d'avoir pensé à cela?

Théophile, qui n'avait pas eu un seul instant cette pensée, voudrait s'être mordu la langue quand il s'est plaint de l'éloignement de la rue de Lourcine; mais il n'y a plus moyen de revenir là-dessus, et déjà madame Potiche, qui s'est penchée vers lui s'appuie encore plus sur son bras, et lui dit avec le nazillement qui lui est habituel:

— Ah ! oui, que vous êtes un homme aimable, autant que mon second mari, s'il était *possiblement* permis de lui ressembler ; voyez-vous, il y en a bien *d'aucuns* qui m'ont fait la cour *de depuis* mon veuvage, mais je *leur z'y ai dit* à tous : Vous êtes à cent piques de mon défunt... le second, entendons-nous... Voulez-vous une prise, cher ami ? ça *corrompt* l'air.

— Merci, madame, je n'en use pas.

— Ah ! que vous avez tort... ça fait tant de plaisir à ce pauvre nez... et c'est mélodieux pour la tête. Autrefois, je *jouissais* d'une mauvaise santé... j'étais *monrose* toute la journée, je couvais une *névralgiste*... Depuis que je me suis abandonnée au tabac, je suis une vraie porte Saint-Denis !...

Théophile écoutait tout cela d'un air piteux, en se disant : Et je suis cause qu'elle va venir demeurer dans la même maison qu'Alphonsine... Je voyais madame Potiche six ou sept heures par jour, c'était cependant bien assez !... S'il me faut l'entendre toute la journée, ce sera bien fatigant. L'amitié est une belle chose, mais Alphonsine la pousse trop loin.

Et quelques mois plus tard, Théophile Tamponnet passait dans la rue, mais il n'avait plus le nez au vent et la démarche légère; il ne sautillait plus d'une jambe sur l'autre et n'avait plus son chapeau posé sur le côté; il marchait lentement, pesamment, d'un air préoccupé, la mine refrognée, la tête baissée, les regards sur ses souliers, si bien qu'il venait de se jeter dans un monsieur qu'il n'avait pas aperçu et allait lui demander excuse, quand une voix bien connue lui dit :

— Eh ! mon Dieu, mon pauvre Théophile, où donc vas-tu comme cela ? tu ne vois pas même tes amis !

— Tiens, c'est Badinet ! bonjour, Badinet.

— Bonjour ; que t'est-il donc arrivé... tu es changé, pâli, maigri, jauni...

— Tu crois... c'est possible... il ne m'est rien arrivé...

— Es-tu toujours le plus heureux des hommes ?

— Je suis toujours adoré d'Alphonsine...

— La veuve du général ?... Tu es toujours avec la même ?

— Il est extraordinaire !... est-ce que je change, moi, et d'ailleurs, je le voudrais, que je ne le... Enfin, pourquoi me demandes tu cela ?

— D'abord, c'est qu'à te regarder tout à l'heure, tu m'avais l'air heureux comme un oiseau qui apprend à nager !... ensuite, c'est que je me suis amusé à prendre quelques informations sur ta superbe conquête... Personne, au ministère de la guerre, n'a jamais entendu parler du général Croutmann... qui a eu l'œil emporté par un boulet... première blague de ta conquête.

— Il serait possible !...

— Ensuite, cette madame Potiche, à laquelle elle témoigne tant d'amitié, c'est sa mère ; une ancienne figurante d'un théâtre des boulevards, qui a été mise à la retraite parce qu'elle ne pouvait plus passer entre deux coulisses.

— Ah bah !...

— Seconde blague... ensuite, la grande dame a voulu aussi être au théâtre, elle a débuté au vaudeville ; mais comme elle chantait faux et ne pouvait pas dire trois mots sans consulter le souffleur, on l'a engagée... à renoncer au théâtre.

— Tu me confonds, les bras m'en tombent...

— Troisième blague. Ce que je t'en dis, moi, mon pauvre ami, ce n'est pas pour mépriser ta conquête... je m'en garderais bien, d'abord, quand une femme est jolie et qu'elle n'a pas la prétention d'être autre chose que notre maîtresse... qu'importe sa naissance... nous avons eu des rois qui ont pris leurs favorites dans des rangs très modestes, je ne vois pas pourquoi un simple bourgeois, un rentier, rougirait d'en choisir une parmi les figurantes d'un théâtre... La beauté justifie tout, car chez les femmes la beauté fait le succès. Ton Alphonsine s'est donnée à toi pour la veuve d'un général... ceci est un petit stratagème de comédie qui lui aura été soufflé par la respectable Potiche. Pourquoi ne fais-tu pas comme moi? lorsqu'une jolie femme veut me raconter son histoire, ses malheurs (car il leur est toujours arrivé bien des malheurs), je l'interromps sur-le-champ, en lui disant : « Ma chère amie, le passé ne me regarde point, je ne veux pas m'en occuper, tâchez de faire comme moi et de l'oublier » ; de cette façon, cela met ces dames dans l'impossibilité de nous débiter une foule de choses fantastiques et miraculeuses, dans le genre du boulet qui avait emporté un œil au général Croutmann.

Ce pauvre Théophile ! C'est égal, tu es plus maigre et moins joyeux qu'il y a six mois. Pour t'égayer un peu, viens dîner avec moi... J'ai une partie charmante à te proposer... une jeune personne que je courtise, et qui est dans la confection...

— Qu'est-ce c'est que ça, la confection !

— C'est tout ce qu'on veut, pourvu que ce soit une chose faite.

— Alors la jeune personne est une chose faite?

— Très bien faite même... taille de guêpe... la jambe fine, le pied cambré... enfin une charmante petite femme... Eh bien ! elle doit venir dîner avec moi aujourd'hui à la campagne, mais elle n'a accepté qu'à la condition d'amener avec elle une de ses amies, qui est également dans la confection ; moi, je ferai comme elle, j'amènerai un ami... Voilà une occasion pour te distraire...

— Oui, je conviens que c'est très séduisant... mais

il n'y a pas moyen... je ne puis aller dîner avec toi et tes... confectionneuses...

— Et pourquoi donc, n'es-tu pas ton maître?

— Non... j'avoue que je ne le suis pas du tout... j'ai promis à Alphonsine de la mener aujourd'hui dîner à Bercy avec madame Potiche pour y manger de la véritable matelote à la marinière... Madame Potiche est folle de l'anguille en matelote, il paraît qu'elle en mange jusqu'à dix tronçons...

— Au lieu de mener aujourd'hui tes dames à Bercy, ne les y conduis que demain, tu feras manger trois mètres d'anguille à madame Potiche pour la dédommager de ce léger retard... mais aujourd'hui tu passeras une journée délicieuse, amusante, cela te changera.

— Cela ne se peut pas... Tu ignores jusqu'à quel point je suis adoré d'Alphonsine... Lorsque dans la journée je suis en retard d'un quart d'heure pour aller chez elle, je la trouve inquiète, désolée; elle tient son flacon sous son nez pour ne pas se trouver mal...

— Quatrième blague!

— Je t'assure que sa figure est bouleversée... Tiens, je vais te citer un fait à l'appui: dernièrement, je devais allez chez Alphonsine le soir prendre le thé et faire le piquet de madame Potiche.

— Ah! tu fais aussi le piquet de madame Potiche;

décidément, tu as tous les plaisirs imaginables !

— Je devais donc m'y rendre à huit heures. Mais ce jour-là, après mon dîner, je me sens pris d'un malaise, de douleurs dans la région de l'abdomen ; je me dis : Promenons-nous, cela se passera. Je me promène assez longtemps et cela ne se passe pas : ma foi, je pense que ce que j'ai de mieux à faire est de rentrer chez moi et de me coucher. Je rentre, mon concierge m'apprend que madame Potiche est venue me demander. Bon, me dis-je, j'aurai une scène demain. C'est égal, je vais me coucher. Le lendemain, à cinq heures du matin, on sonnait à ma porte, il ne faisait pas encore jour. Je me dis : C'est inconvenant de venir sonner chez quelqu'un aussi matin que cela... C'est un ramoneur ou un porteur d'eau qui se trompe sans doute, ne nous dérangeons pas. Là-dessus, je me retourne sur mon oreiller et tâche de me rendormir, mais pas moyen ; la maudite sonnette ne tarde pas à tinter de nouveau ; j'essaye de fourrer ma tête sous ma couverture pour ne pas l'entendre... Bah ! la sonnerie redouble, on y met de l'acharnement et presque de la fureur ; craignant pour mon cordon, je me décide à aller ouvrir ; je me lance dans un fort simple appareil. Ah ! si fait... j'avais pris à la hâte mes bretelles, je ne sais pas trop pourquoi faire, puisqu'elles n'avaient rien à... retenir... Enfin j'avais mes bretelles ; j'ouvre ma porte... qu'est-ce que je vois ?

madame Potiche... pleurant dans son mouchoir à tabac, poussant des gémissements dignes du bœuf gras et murmurant au milieu de ses sanglots : — Il est mort, bien sûr que ce pauvre M. Tamponnet doit être mort : il aura *z'éeu* cette nuit une *conjuration* cérébrale, ou quelque autre maladie foudroyante dans ce genre-là... Quelle perte pour Alphonsine... un homme qui était une crème... qui égalisait presque mon second !

Ma porte, en s'ouvrant, mit un terme à toutes ces doléances ; en m'apercevant, madame Potiche poussa un cri tout à fait dramatique ; puis elle se jeta dans mes bras, me pressa contre son sein. J'avais beau lui dire : — Prenez garde, madame, je ne suis pas habillé... je n'ai que mes bretelles ; laissez-moi aller passer quelque chose dessous !... Elle ne m'écoutait pas et me serrait plus fort... Je t'assure que j'étais dans une situation critique. Enfin, l'arrivée d'un porteur d'eau fit lâcher prise à cette dame, et lorsque je me rendis chez Alphonsine, je la trouvai tellement affectée, tellement abattue par l'inquiétude que je lui avais causée, que je ne parvins à la calmer qu'en lui promettant pour le jour même un fort beau châle en crêpe de Chine, dont elle avait envie depuis quelque temps. Maintenant, Badinet, tu comprends pourquoi je n'accepte pas la partie carrée que tu me proposes pour aujourd'hui. Si je n'allais pas chercher ces dames pour les mener dîner à Bercy, je serais exposé à recevoir demain une visite de madame Potiche, et je t'avoue que cela me fait trembler d'avance... Que veux-tu?... Alphonsine ne peut plus se passer de moi!... Si elle était une journée entière sans me voir, elle en mourrait!...

— Où il te faudrait lui donner un cachemire pour la guérir... et je conçois que c'est fort cher d'être adoré comme cela... Mon pauvre Théophile... tu me fais de la peine... et tu me donnes envie de rire... Enfin, si c'est ton plaisir de vivre comme cela... tu es le maître. Adieu, cher ami, je te jure que je n'envie pas ton bonheur.

Et Badinet s'est éloigné après avoir serré la main de Théophile, qui murmure: Je le crois bien qu'il n'envie pas mon bonheur... Je voudrais bien m'en débarrasser, moi, de mon bonheur... Je n'ai pas voulu en convenir devant lui, mais je commence à trouver Alphonsine par trop exigeante, et madame Potiche produit sur moi le même effet que l'ombre de *Banco* sur *Macbeth*... si ce n'est qu'elle ne ressemble pas du tout à une ombre... Ah! oui, il avait raison. Au lieu d'avoir une maîtresse en titre... ce droit être infiniment plus agréable d'en avoir la monnaie, de papillonner... de voltiger... Mais j'approche de la quarantaine... et il est assez difficile de commencer si tard le métier de zéphyre.

5.

X

UNE PETITE LOGE

Pendant quelques mois encore, Théophile continue à promener son Alphonsine encadrée par madame Potiche; mais chaque jour la charge lui semblait plus lourde. Depuis que la grosse dame avait quitté la rue de Lourcine pour venir demeurer dans la même maison que la jeune veuve, elle était de toutes les parties, de tous les dîners, de toutes les promenades. Théophile dépensait beaucoup d'argent; à la vérité, il avait des rentes, mais il ne voulait pas toucher à son capital, et madame Potiche, dont l'appétit était effrayant, et qui occupait à elle seule deux places dans une loge et tout le fond d'une voiture, lui coûtait presque autant qu'une seconde maîtresse,

Un soir, poussé à bout par les exigences de sa veuve et

l'odeur du mouchoir à tabac de son amie, Théophile, qui devait conduire Alphonsine au spectacle, a soin de louer une loge dans laquelle on ne peut tenir que deux. Au moment de partir, voyant arriver madame Potiche avec son chapeau et son châle, Théophile s'arme de courage et lui dit, en s'efforçant de cacher le tremblement de sa voix :

— Il me semble, madame, que vous avez pris une peine inutile... A quoi bon avoir fait cette toilette? à moins que vous n'ayez des projets que j'ignore... Mais nous ne pouvons pas vous emmener avec nous au spectacle... La loge que j'ai louée n'est que de deux places... Je n'en ai pu avoir de plus grande... Elles étaient toutes retenues.

L'énorme dame s'arrête au milieu du salon, tourne son nez et sa bouche, comme si elle essayait de mettre l'un dans l'autre, et regarde sa jeune amie d'un air qui signifie : « Qu'est-ce que tu dis de cela?

Mais la jolie Alphonsine, qui est alors occupée à se regarder dans une glace, continue à se sourire et fait un léger mouvement d'épaules en disant à cette dame :

— Te voilà donc arrivée, ma pauvre Potiche ; mais est-ce que tu écoutes Théophile, est-ce que tu ne vois pas qu'il vient de dire cela pour se moquer de toi, pour t'attraper... Par exemple !... une loge où on ne tiendrait que deux... je voudrais bien voir cela... C'est une mauvaise plaisanterie...

— Je vous assure, Alphonsine, que c'est la vérité... Dans tous les théâtres, il y a comme cela des petites loges... pour deux... et c'est très suffisant quand on n'y va que deux...

— Mais vous savez bien, monsieur, que nous sommes trois, nous; ce n'est donc pas une de ces loges-là que vous devez prendre.

— Nous sommes trois... parce que nous emmenons toujours madame; mais en ne l'emmenant pas, nous ne serons que deux.

Madame Potiche tire sa tabatière de sa poche et se bourre le nez de tabac, en laissant entendre un grognement sourd qui ressemble assez à celui d'un chien qui se dispose à mordre.

La belle Alphonsine jette sur son amant un regard dans lequel il y a tout à la fois de la surprise, de l'indignation et du dépit. Elle lui dit enfin, en pesant sur chacune de ses paroles:

— Est-ce que vous ne vous souvenez plus, monsieur, de tout ce que je vous ai dit, avant de consentir à vous recevoir chez moi? Est-ce qu'il n'est pas bien entendu, bien convenu que vous devez satisfaire tous mes désirs? Depuis que je vous connais, monsieur, il me semble que je n'ai point abusé de cet article de notre traité... Il vous serait difficile de trouver une femme plus modeste dans ses fantaisies. Vous ai-je demandé une voiture... des diamants ?

— Je vous ai fait connaître l'état de ma fortune, chère amie, et si vous aviez demandé tout cela, vous saviez bien que je n'aurais pas pu vous le donner sans me ruiner.

— Eh ! monsieur, est-ce que les femmes ont l'habitude de s'arrêter à de telles considérations?... Si je vous avais ruiné, vous m'aimeriez davantage; vous trembleriez de me perdre... Mais non, monsieur tombe sur une femme comme il y en a fort peu, j'ose le croire... sur une femme qui se contente d'une toilette ordinaire, d'un coupé qu'on prend à l'heure, d'une loge au spectacle lorsqu'il y a une pièce en vogue... et parce que je tiens à emmener mon amie avec moi, une amie sincère qui m'a consolée dans ma douleur lorsque je perdis le général Croutmann !

Ici Théophile mumure quelques phrases entre ses dents, mais il les dit si bas, que sa maîtresse ne peut pas les entendre : celle-ci continue :

— Voilà monsieur qui se premet d'y trouver à redire... et qui loue une loge dans laquelle on ne tient que deux... Ah ! fi... fi... Cela est cuistre, cela est pleutre... cela est rat.

Madame Potiche, qui jusque-là s'est contentée de prendre du tabac et de grogner, s'empresse d'ajouter :

— Moi, ce n'est pas que je *tinsse* au spectacle *formidablement !*... Mon Dieu, j'en ai tant vu de ces pièces de théâtre... Je suis bien blasée sur tout ça... C'est presque toujours les mêmes bêtises... mais c'est l'histoire d'être avec madame de Croutmann et de passer sa soirée... Ensuite, pour une pauvre petite place qu'il me faut... on se gêne un peu...

— Assez, madame Potiche, assez ! s'écrie Alphonsine en prenant un air de fierté. Tu n'a pas besoin de dire tout cela... Il me semble qu'il doit suffire que cela me plaise. Voyons cette loge, monsieur, s'il vous plaît... que je m'assure si en effet elle ne contient que deux places.

Théophile présente à Alphonsine le coupon de sa petite loge. Celle-ci le lit, puis le fourre dans son corset en disant :

— C'est vrai, ce n'est qu'une loge de deux places. Eh bien ! viens, madame Potiche ; monsieur trouvera bien à se placer ailleurs dans la salle. Partons, nous sommes déjà en retard.

En disant ces mots, la jolie femme sort avec son amie, qui dit tout bas à Théophile en passant près de lui :

— Prenez garde, vous lui avez donné ses nerfs... elle est susceptible de se trouver mal dans un entr'acte : si elle *s'évanouite*, je vous donne ma malédiction.

Théophile est demeuré tout étonné en voyant sa maîtresse qui s'éloigne avec sa grosse amie, en emportant le coupon de sa petite loge. Il se décide cependant à suivre ces dames, mais elles sont déjà montées en voiture et parties ; il se demande alors s'il se rendra au spectacle ; après avoir hésité quelque temps, il s'y rend à pied. Il prend une place au bureau ; mais la salle était pleine, à peine si un homme pouvait trouver à se glisser à l'entrée de l'orchestre ou des galeries, et encore fallait-il s'y tenir debout, parce qu'il n'y avait plus moyen d'y mettre de tabourets.

Cependant Théophile s'est fait ouvrir l'entrée du balcon du côté opposé à la loge qu'il avait louée, de là il aperçoit Alphonsine et madame Potiche qui se carrent dans leurs fauteuils, tandis que lui, poussé à droite et à gauche, est obligé de se hisser sur ses pointes pour apercevoir le trou du souffleur. Dans cette position fatigante, il lui semble voir sa maîtresse qui le lorgne et se met ensuite à rire en regardant madame Potiche.

Théophile n'y tient plus, il quitte le balcon, et va se faire ouvrir la loge qu'il a louée et dans laquelle, à la rigueur, on peut tenir trois en faisant mettre un tabouret, tout au fond.

Les deux dames se retournent. Alphonsine regarde Théophile comme si c'était un étranger, en lui disant :

— Que voulez-vous, monsieur ?

— Comment, ce que je veux ? mais une petite place ici, derrière vous... je ne puis en trouver nulle part ; à l'entrée du balcon il faut se tenir debout, et je ne peux pas rester debout longtemps, cela me donne des crampes dans les mollets.

— Mais, monsieur, vous savez bien que cette loge n'est que pour deux personnes, on ne peut pas y être trois.

— Je mettrai le tabouret tout contre la porte... et en tenant mes jambes en travers, je tiendrai...

— Non, monsieur, je ne le veux pas, vous aurez beau mettre vos jambes en travers, nous les aurons dans le dos... comme ce serait amusant d'avoir quelqu'un sur le dos tout le temps du spectacle !

— Mais, madame, puisqu'il n'y a pas une seule place ailleurs...

— J'en suis fâché, monsieur, mais il n'y en a pas pour vous dans cette loge, cela vous apprendra à en louer d'aussi petite.

— C'est votre dernier mot, madame ?

Alphonsine s'est retournée du côté du public et ne répond plus à Théophile ; alors madame Potiche lui présente sa tabatière tout ouverte en lui disant :

— Ils sont tous, dans cette salle, serrés comme des sardines... Si vous alliez voir dans *l'orchestration* de la musique, ça se fait, on se fourre derrière un gros violon... on entend très bien. Voulez-vous une prise?... c'est du caporal... Je le préfère à la civette.

Théophile repousse si brusquement la tabatière, qu'une grande partie de ce qu'elle contient tombe dans la loge, ce qui fait pousser un cri douloureux à madame Potiche. Mais sans s'inquiéter de ce que penseront ces dames, notre amant outragé, exaspéré, sort vivement de la salle en se disant : « Ah ! c'est comme cela que l'on me traite... ah ! voilà le prix de trois années de petits soins... de galanterie... d'esclavage... Allons, cette fois, je secoue ma chaîne... je reprends ma liberté... Ah ! quelle occasion... je serais bien sot de ne pas la saisir... *Adieu, Rome, je pars !*... La veuve du général Croutmann n'a qu'à m'attendre ; et de peur qu'elle ne m'envoie demain cette effroyable Potiche, courons chez moi prendre de l'argent ; disons à mon portier que je pars pour la Russie, et filons dès ce soir pour Sèvres, Saint-Cloud ou Versailles, où je me tiendrai caché pendant quelques semaines pour n'être point retrouvé par ces dames. »

Théophile met sur-le-champ son projet à exécution. Le soir même il était établi dans une hôtellerie de Versailles.

Il y reste un mois, passant son temps à se promener dans le parc, et essayant tous les jours de descendre tout le tapis vert avec les yeux bandés. Au bout de ce temps, il n'était pas parvenu à réussir dans son essai sur le tapis vert, il se décide à retourner à Paris ; il se dit : Alphonsine doit commencer à m'oublier, et renoncer à l'espérance de renouer avec moi... Depuis un mois que je suis parti, je crois que je puis retourner chez moi.

Et il apprend en arrivant à Paris que depuis vingt-neuf jours il était remplacé.

XI

UNE TENTATION

Quelques mois après sa rupture avec la soi-disant veuve, Théophile se promenait sur les boulevards, cherchant peut-être une nouvelle conquête ; mais, moins confiant maintenant dans les apparences, et craignant de tomber sur une seconde Alphonsine, il redoutait surtout les dames qui avaient une amie.

Tout à coup il voit venir devant lui un monsieur donnant le bras à une dame, et dans ce monsieur il reconnaît son ami Badinet ; cependant, plus il examine le personnage qui s'avance, plus il se dit : « Ce n'est plus là le Badinet d'autrefois, le Badinet qui, il y a six mois environ, me proposait une partie de campagne avec des confectionneuses ; alors il avait une mise excentrique, le pantalon et le gilet des plus extravagants, le chapeau mis en tapageur, un lorgnon à la main, la tournure sautillante ; toute la désinvolture de sa personne annonçait le viveur, le bambocheur, le coureur d'aventures. Celui que je vois est mis comme tout le monde, il marche fort posément, il tient sa tête droite, et en parlant à la dame qui est à son bras il ne lui fourre pas son nez dans la figure comme s'il voulait l'embrasser... ce que faisait souvent Badinet. Si c'est vraiment lui que j'aperçois, à coup sûr il lui est arrivé quelque chose pour qu'il soit changé ainsi.

Comme c'était en effet Badinet qui s'avançait, en apercevant Théophile, il le salue, s'arrête avec sa dame et dit à son ami :

— Enchanté de te rencontrer, mon cher, je vais te présenter à ma femme... Ma bonne amie, je te présente M. Théophile Tamponnet... un ancien camarade... pas de classe... il n'a jamais été en pension, lui, mais un camarade... de jeunesse.

La dame qui est au bras de Badinet n'est ni belle ni laide, ni grande ni petite : c'est une de ces femmes dont on ne dit rien ; et, en général, ce que l'on peut choisir de mieux lorsqu'on se marie, c'est une femme dont on ne dit rien.

Celle-ci fait un aimable salut à l'ami de son mari, en lui faisant entendre qu'elle sera toujours très heureuse de recevoir les personnes pour lesquelles il a de l'amitié. Théophile répond à ce compliment en balbutiant quelques-unes de ces phrases banales qui s'échangent en pareille circonstance et qui ne signifient absolument rien.

Ensuite, Badinet continue sa route avec sa femme après avoir dit à son ami :

— Viens nous voir ; tiens, voilà mon adresse; tu nous feras plaisir : ma femme t'a engagé, je t'engage ; maintenant si tu ne viens pas, c'est que tu y mettras de la mauvaise volonté.

Théophile suit des yeux assez longtemps le couple qui s'éloigne, puis il continue sa promenade en se disant à lui-même :

« Ah ! Badinet est marié !... Voilà qui est singulier... et on dirait que cela l'a rendu raisonnable... mais c'est peut-être un air qu'il se donne quand il est avec sa femme... Il paraît content d'être marié... D'abord, c'est un homme si heureux !... Je l'ai toujours connu content. Sa femme n'est pas très jolie mais elle à l'air assez aimable... et pourvu qu'elle aime bien son mari... car voilà le point important en ménage !... Il ne s'agit plus ici d'une maîtresse que l'on quitte quand elle devient par trop exigeante... Une femme... c'est pour la vie... par conséquent, il faut, pour bien vivre ensemble, que deux époux s'adorent ; telle est mon opinion. Ce diable de Badinet a, en général, de bonnes idées... pourquoi ne ferais-je pas comme lui?... Pourquoi ne me marierais-je pas aussi? C'est un état honorable dans la société que celui de père de famille... on a des enfants qui vous caressent, qui grimpent sur vos genoux ; on a un intérieur agréable, une maison bien tenue... On n'est pas obligé de dîner tous les jours chez le traiteur, ce qui est nuisible à la santé ; lorsqu'on rentre chez soi on y trouve du feu et de la lumière, puis des personnes qui attendent avec impatience votre retour, des visages qui vous sourient... Tout cela est fort séduisant ; oui, décidément, je ferai fort bien de me marier. Mais auparavant j'irai voir Badinet, et je lui demanderai comment il faut s'y prendre... il me guidera de ses conseils, car je ne saurais jamais me marier tout seul. »

Et, au bout de quelques jours, Théophile allait voir son ami Badinet, qu'il trouve justement seul dans son cabinet.

— Ah! voilà ce cher Tamponnet : c'est bien à toi de venir voir les nouveaux mariés : ma femme est sortie pour le moment, mais dès qu'elle rentrera tu la verras...

— Merci, mon cher Badinet ; je ne suis pas fâché de te trouver seul pour causer un peu avec toi. Je t'avoue que j'ai été si surpris l'autre jour d'apprendre que tu étais marié...

— Pourquoi donc ! est-ce qu'il ne faut pas toujours finir par là ?

— Sans doute, mais toi qui était si coureur... si volage... qui aimais tant ta liberté...

— Eh bien, crois-tu donc, parce que je suis marié, que me voilà enchaîné près de ma femme... qu'il ne me sera plus permis d'aller rire avec mes amis... de dîner en ville, enfin de prendre un moment de plaisir quand l'occasion s'en présentera ? Sans doute, je serai beaucoup plus sage qu'autrefois, mais d'abord on se lasse de tout, des folies comme de la danse, comme des bals !... Ensuite, vois-tu, le principal c'est que l'on sache qu'on peut faire ce qu'on veut ; quand on peut sortir, aller, venir, rentrer sans craindre que votre femme fasse la mine et vous demande d'où vous venez, cela suffit bien souvent pour vous ôter l'envie de courir. Ne sais-tu pas que le fruit défendu a de tout temps tenté les hommes.

— Sans doute.

— Eh bien, du moment qu'on ne nous défend rien, nous n'avons plus de tentation.

— Alors, ta femme ne te défend rien... tu as donc rencontré un phénix?

— J'ai épousé une femme raisonnable, une femme qui n'est pas sotte...

— Un bas bleu?

— Non pas ! Ah ! Dieu m'en garde !... ma femme

a du bon sens, du jugement...; c'est plus rare que l'esprit, surtout chez les femmes, et c'est bien préférable dans une épouse.

— Et ta femme t'adore ?

— Qui est-ce qui te parle de s'adorer? Ah! mon pauvre Théophile, tu seras donc toujours le même. J'ai une femme qui m'aime... très suffisamment, et comme il faut aimer son mari quand on veut le rendre heureux et ne point le tourmenter.

— Ah ! c'est là ta manière de voir, et cela te suffit que ta femme t'aime suffisamment?

— Oui, mon ami : nous avons tous les deux une égale confiance, mon épouse n'est pas coquette, par conséquent je ne suis pas jaloux. Si une de ses amies l'invite à dîner, je lui permets d'y aller ; si je rencontre d'anciens compagnons de folies qui m'engagent à un déjeuner, qui dure ordinairement jusqu'au soir, j'accepte ; et en rentrant, je dis à ma femme ce que j'ai fait, et au lieu de me gronder, elle m'embrasse. Est-ce que tu crois que ce n'est pas charmant d'avoir une compagne douce, aimable et indulgente?

— Je ne dis pas le contraire... seulement si avec tout cela on était certain d'être adoré !...

— Mon ami, les sentiments poussés à l'excès durent peu. L'amitié ne s'use pas. A propos, et ta veuve du général inconnu... Elle t'adorait, je crois... ou elle faisait semblant... êtes-vous toujours aussi passionnés l'un pour l'autre?

— Je ne vois plus Alphonsine; j'ai totalement rompu avec elle...

— Comment, cet amour si exalté!...

— C'est son amie... la grosse Potiche qui est cause que j'ai quitté Alphonsine...

— Je t'en fais bien mon compliment.

— Et maintenant, vois-tu... ton exemple me tente, j'ai très envie de faire comme toi... de me marier... puisque tu m'assures que l'on est heureux...

— Oui, quand on choisit bien!...

— Oh! je choisirai bien, j'y mettrai le temps, j'y emploierai toute mon intelligence... Seulement, dis-moi, comment fait-on quand on veut se marier?

— On cherche d'abord une femme qui nous convienne, quand on l'a trouvée, le reste est bien facile...

— Mais où cherche-t-on cette femme qu'on ne connaît pas?...

— Dans le monde.

— Qu'est-ce que tu entends par le monde?

— La société.

— Dans quelle société?

— Ah! va te promener!... tu ne vas donc pas à des réunions, à des soirées, à des bals?

— On m'a invité souvent, je n'y allais jamais.

— Il faut y aller, mon cher ami. Là, tu rencontreras des demoiselles, des veuves, enfin des personnes à marier ; oh ! il n'en manque pas !... et tu feras ton choix. J'ai l'intention de donner aussi quelques petites soirées dansantes, je t'enverrai une invitation, ne manque pas d'y venir... il y aura des demoiselles à choisir.

— Très bien, c'est entendu... je vais fréquenter la société.... Pour trouver plus facilement, je dirai en entrant dans un salon : Je cherche une femme...

— Ne t'avise pas de cela, on se moquerait de toi.

— Pourquoi donc ? Diogène cherchait bien un homme, il me semble que c'est plus convenable de chercher une femme pour l'épouser... Ah ! une réflexion : si je me faisais mettre dans les *Petites Affiches*... avec mon signalement... le détail de ma position de fortune.

— Fi donc ! y penses-tu ?... Il n'y a que les gens qui ne savent plus où donner de la tête qui font cela.

— Ça m'aurait évité la peine de chercher. N'importe, tu m'aideras, tu me guideras, et je me marierai ; adieu.

— Tu pars déjà, sans voir ma femme ?...

— Je la verrai une autre fois, je veux commencer à en chercher une pour moi.

XII

PORTRAIT D'APRÈS NATURE

Un garçon d'une honnête aisance, d'une figure insignifiante et qui se met bien, ne manque jamais d'invitations lorsqu'il veut aller dans le monde. Bientôt Théophile eut une soirée pour chaque jour de la semaine.

A peine était-il dans un salon, qu'il passait en revue les femmes, puis il prenait des informations. On trouve toujours, dans une réunion, un bavard disposé à vous mettre au courant, à vous faire la biographie de chaque personne de la société ; quand ces gens-là ne savent pas, ils inventent, mais ils ne sont jamais à court.

Dès que Théophile avait mis la main sur son bavard, il commençait sa revue.

— Monsieur, pourriez-vous me dire quelle est cette jeune petite personne blonde... figure blanche et rose... et toute habillée en bleu?...

— Cette jolie blonde...c'est mademoiselle Herminie Guichelin... la fille de madame Guichelin... vous savez, cette fameuse madame Guichelin, si renommée pour sa beauté, son esprit et ses aventures galantes.

— Non, je ne sais pas...

— Vous me surprenez... tout le monde l'a connue...

— Je n'ai jamais fait comme tout le monde...

— Maintenant on en parle encore; elle a atteint la quarantaine... cependant elle est encore fort bien ?

— Et cette demoiselle est sa fille ?

— Oui, monsieur, une jeune personne parfaitement élevée... qui touche du piano comme *Hertz* qui dessine comme *Eustache Lorsay*, qui danse comme *Cellarius*, qui monte à cheval comme *Baucher*, qui fait des vers comme *Méry*, et qui va en ballon comme...

— Elle va en ballon ?... Merci, monsieur, infiniment obligé, je ne veux pas en savoir davantage... du moment qu'elle va en ballon, j'en ai assez...

— Pourquoi donc cela, monsieur?...Je ne connais pas les motifs qui vous portent à prendre des informations sur cette demoiselle, mais je puis vous assurer que maintenant les personnes les plus comme il faut vont en ballon lorsqu'il se fait quelque belle ascension ; cela est devenu très à la mode... c'est une preuve de courage... On fait dans les airs un voyage de quelques heures... et, à moins que le ballon ne crève, ou ne se dégonfle, ou ne prenne feu, ou ne descende horizontalement au lieu de conserver sa position verticale, ou ne s'accroche à des arbres, ou ne tombe dans l'eau, il n'y a pas le moindre danger à courir... et le lendemain, on lit son nom dans les journaux avec le compte rendu du voyage aérien... C'est flatteur, cela, monsieur.

— Oui, monsieur, très flatteur, assurément, mais une demoiselle qui va en ballon... quand elle sera mariée, elle voudra danser sur la corde, monsieur. Tenez... à côté de cette demoiselle, il y a une jeune personne qui a l'air infiniment modeste... je gagerais bien que celle-là ne va pas en ballon.

— La demoiselle à côté, qui a une guirlande de fleurs sur la tête ?

— Précisément.

— C'est mademoiselle Sophie Folliquet... Elle est ici avec sa tante qui l'a élevée et doit la doter quand elle se mariera... Elle a été tenue très sévèrement, et ne va dans le monde que depuis quelques mois ; il paraît qu'elle est excessivement timide et pleure pour la moindre chose. Elle a de la voix ; mais lorsque sa tante lui dit de chanter, elle pleure ; si on la prie de toucher un quadrille au piano, elle pleure ; si on l'engage à danser et que sa tante lui ordonne d'accepter, elle pleure ; si d'autres demoiselles jouent à des jeux innocents, et qu'on lui dise d'aller y jouer aussi, elle pleure.

— Ah ! mon Dieu ! Mais c'est donc une cascade que cette jeune fille ; si elle était ma femme, je la placerais au milieu d'un bassin. Après cela, si on la priait de pleurer, il est probable qu'elle ne pleurerait pas. Elle ne doit pas s'amuser beaucoup en société. Passons à d'autre. Là-bas, sur ce divan, une jeune personne est occupée à regarder dans un album... Elle est brune... de beaux yeux noirs... des sourcils bien arqués. Il y de l'Espagnol... de l'Andaloux dans cette physionomie... Je serais bien étonné si elle pleurait pour un rien, cette demoiselle-là.

— Pardon, mais la personne dont vous parlez en ce moment n'est pas une demoiselle...

— C'est une dame !... C'est dommage, passons alors.

— Ce n'est pas une dame mariée, c'est une veuve.

— Une veuve ! Oh ! arrêtons nous en ce cas. Comment ! cette personne si jeune est déjà veuve ?... Car elle doit avoir tout au plus vingt ans, cette dame ?

— Elle ne les a pas encore. Dix-neuf ans et huit mois... Je sais son âge. J'ai beaucoup connu son parrain. Amélia, c'est son nom... pas celui de son parrain, le nom de cette charmante brune. Amélia a été mariée, à seize ans, à un homme de vingt-cinq, qui l'adorait, qui en était fou... Ah ! monsieur il l'aimait trop... C'était pire qu'un amant... Le lendemain de ses noces, il emmène sa femme pour la faire voyager ; mais comme, en voyage, il ne se trouvait pas encore assez seul avec elle, il revint en France, acheta une petite villa aux environs de Montmorency, et alla s'y enfermer avec Amélia. Là les deux époux, ne recevant personne, ne sortant jamais, n'étaient occupés qu'à se répéter de tendres serments d'amour. En vain les parents, les amis voulaient leur faire des remontrances, démontrer au mari tout le ridicule de sa conduite, ils n'étaient point admis, et leurs lettres restaient sans réponse. Enfin, au bout d'un an, ce tendre couple revint dans la capitale ; la jeune femme était encore plus jolie ; le mari était maigre comme un coucou ; et trois mois après il mourut d'une phtisie pulmonaire. Amélia éprouva un désespoir si violent que l'on craignit pour ses jours, d'autant plus que pour suivre son époux, elle voulait se poignarder, s'empoisonner, se détruire enfin... Mais ces douleurs exagérées... ces crises nerveuses ne sont jamais de longue durée. Aujourd'hui, Amélia danse la masourka dans la perfection... et il y a déjà bien des courtisans qui aspirent à remplacer le défunt.

— Oui, je conçois cela... Mais décidément, cette dame a les yeux trop noirs... Il y a trop d'expression dans ses traits... J'ai dans l'idée que ce sera une *Barbe-Bleue* femelle. J'aime mieux les demoiselles que les veuves... Ah ! en voilà deux qui causent ensemble près du piano... Sans être très belles, elles sont agréables... et puis elles rient tout en causant... J'aime beaucoup les personnes gaies... Connaissez-vous ces deux demoiselles ?

— Je connais tout le salon sur le bout de mon doigt. La petite, au nez retroussé, à la mine éveillée, qui a un collier de perles, est mademoiselle Rose Desbois ; elle a vingt-deux ans ; on ne lui en donnerait que dix-sept. Elle est fort gaie, assez spirituelle, mais très moqueuse. Elle a déjà dû se marier cinq ou six fois et cela a toujours manqué par sa faute...

— Ah ! diable..., est-ce qu'elle aurait été... dans un pensionnat de modistes?

— Non. Quoiqu'elle aime beaucoup à rire, il n'y a rien à dire sur sa vertu, pas la plus petite aventure suspecte...

— Alors, pourquoi donc ces mariages ont-il manqué?

— Ah ! parce que, une fois, elle s'amusa à planter des épingles dans les mollets de son futur... C'était le jour de la signature du contrat. Il avait un pantalon collant qui dessinait parfaitement ses formes.

Mademoiselle Rose voulut apparemment s'assurer si son prétendu était aussi bien fait qu'il le paraissait. Lorsqu'on lui vit une douzaine d'épingles plantées dans les mollets, tout le monde se mit à rire, et le futur, furieux, s'en alla et ne revint pas.

Une autre fois, elle lança un petit crochet attaché à un fil de soie sur la tête de celui qui voulait l'épouser. On allait commencer un quadrille, lorsque le monsieur s'élança pour aller prendre une danseuse, il perdit en chemin son faux toupet, que mademoiselle Rose avait tiré à elle avec le crochet. Celui-là, désolé d'être vu avec une tête chauve, disparut comme le premier.

Ensuite comme un jeune homme qui voulait l'épouser parlait continuellement de sa bravoure, de son courage et des duels qu'il avait eus, l'espiègle Rose s'imagina de faire écrire des lettres anonymes dans lesquels on le menaçait de l'assassiner s'il persistait dans son projet d'épouser mademoiselle Desbois.

Le terrible duelliste cessa ses visites et on n'entendit plus parler de lui.

Enfin, une autre fois, le mariage était sur le point de se faire; tous les arrangements étaient pris, je crois même que le jour était fixé. Mais le monsieur qui devait épouser Rose et qui était du reste un excellent parti, avait beaucoup de prétentions à l'esprit ; il se donnait comme poète, comme homme de lettres, critiquant sans pitié tout ce que faisaient les autres, trouvant tout pitoyable, détestable. Il avait, soi-disant, fait beaucoup de pièces de théâtre, mais jamais sous son nom. Lorsque Rose lui demandait lesquelles, il répondait que sa modestie lui défendait de les faire connaître. Chantait-on une chanson dont l'auteur n'était pas connu, il faisait entendre qu'elle était de lui. Enfin, fort souvent il apportait à sa future des pièces de vers fort jolis, que, disait-il, il avait faits pour elle en chemin.

Mais avec l'espiègle Rose, il est difficile de se donner un talent qu'on n'a pas ; celle-ci disait souvent: Oui, mon futur m'adresse de très jolis vers, il me fait des chansons charmantes... Mais, est-ce bien lui qui fait ces vers et ces chansons ? Puisqu'il rime si facilement, puisque, dit-il, il fait des vers comme un autre tousse, il faut que je le mette à l'épreuve.

Justement le futur devait venir passer trois jours à la campagne chez les parents de Rose. Il arriva armé de couplets, de rondeaux, de madrigaux, toujours de sa composition.

— Tout cela est fort galant, lui dit Rose, mais j'ai autre chose à vous demander : j'ai une tante dont c'est la fête dans deux jours; elle se nomme Marguerite, ayez la bonté de me faire aujourd'hui une chanson pour elle. Ensuite, ma tante avait un caniche qu'elle aimait beaucoup ; il est mort, elle l'a fait empailler, il me faut des vers pour son chien.

Le futur se pinça les lèvres, se gratta le front et répondit.

— Cela suffit, je vous apporterai tout cela la première fois que je viendrai.

— Non pas ; vous n'avez donc pas compris ? dit Rose ; ma tante vient ici dîner avec nous après-demain ; c'est sa fête, il me faut la chanson et les vers... Du reste, qu'est-ce que cela pour vous qui faites des couplets si facilement ? Enfermez-vous un instant dans votre chambre, ce sera bien vite terminé.

Le monsieur parut contrarié..., il voulait absolument retourner à Paris chercher quelque chose qu'il prétendait avoir oublié, mais Rose ne le laissa pas partir, car elle était persuadée que son futur avait à sa solde quelqu'un qui travaillait pour lui, et faisait tout ce qu'il donnait comme ses propres œuvres. Elle poussa ce monsieur dans une chambre, l'y enferma, et lui dit : Travaillez ; dès que vous aurez fini, sonnez, je viendrai vous délivrer.

Le futur entra dans la chambre en faisant une singulière grimace. Il était alors une heure de l'après-midi, à cinq heures on ne l'avait pas encore entendu sonner. Le moment de dîner était arrivé, Rose alla ouvrir la porte à son prisonnier qu'elle trouva endormi devant une table sur laquelle il y avait du papier, de l'encre et des plumes entièrement vierges.

— C'est ainsi que vous travaillez? lui dit la jeune fille.

Le monsieur s'excusa en alléguant un mal de tête; le soir il assura qu'il avait trop dîné pour se livrer à la composition. Mais le lendemain, après le déjeuner, Rose l'enferma de nouveau. Quand on lui ouvrit pour dîner, on lui trouva les yeux hagards, la mine effarée, la figure toute bouleversée. Le malheureux s'était horriblement fatigué la tête pour tâcher de faire ou tout au moins de se rappeler une chanson pour une Marguerite; il n'avait rien trouvé. Quant aux vers pour un caniche, il n'avait encore pu assembler que les deux suivants:

Ci-gît un chien

Qui fut homme de bien.

— Prenez garde, lui dit Rose d'un air moqueur, ma tante arrive demain, vous n'avez plus que ce soir pour faire ce que je vous ai demandé.

Mais le lendemain matin le soi-disant poète était parti au point du jour, et il ne revint pas plus que les autres. Blessez les hommes dans leur amour-propre et ils ne vous le pardonnent pas.

— Cela prouve que les demoiselles risquent beaucoup en mettant leurs futurs à l'épreuve. Je commence à croire que cette personne est trop espiègle, elle se mariera difficilement... Et celle avec qui elle cause ?

— Ah ! c'est mademoiselle Cécile Noirmont... une demoiselle bien aimable, bien douce, bien bonne, un excellent caractère, et qui fera une femme bien précieuse dans son ménage... Elle sait tout faire, monsieur, tout absolument, jusqu'à des cornichons et des conserves de tomates... C'est un sujet bien précieux.

— Comment se fait-il qu'un sujet si précieux, qui fait des cornichons... et des tomates, ne soit pas encore marié? Elle a vingt-deux ou vingt-trois ans, cette demoiselle ?

— Non monsieur, elle aura vingt ans à la Saint-Gilles ; j'en suis certain, j'étais l'ami intime de feu son père ; elle paraît plus que son âge parce qu'elle a été raisonnable de bonne heure. Ah ! quelle excellente femme de ménage ce sera...

— Vous ne m'avez pas dit pourquoi elle n'était point encore mariée... Il n'y a point de dot peut-être ?

— Si fait ; il y a une dot très suffisante, une cinquantaine de mille francs.

— Alors il est encore plus surprenant que cette demoiselle, qui a une figure assez agréable, soit encore fille.

— Oui, c'est fort étonnant... moi, je n'y comprends rien. Mais vous savez que les jeunes gens sont si bizarres à présent...; ils dédaignent les qualités solides... Après cela, c'est peut-être parce que cette bonne Cécile... ce n'est pas sa faute pourtant... mais on est si injuste.

— Quoi donc?... que voulez-vous dire?

— Rien du tout.

— Il me semblait que vous alliez dire quelque chose... Tiens, on va danser... ma foi, j'ai bien envie d'aller engager cette jeune Cécile dont vous me dites tant de bien... sa figure n'est pas mal... et puis une jeune personne qui sait faire les cornichons... c'est à considérer... et il se pourrait bien que... Je vais toujours l'engager à danser.

— Allez, vous ferez très bien.

Théophile court vers les deux jeunes personnes ; il salue le plus gracieusement que cela lui est possible, et fait son invitation pour la danse à mademoiselle Cécile.

Celle-ci semble étonnée, cependant elle accepte.

Théophile croit remarquer que son amie, mademoiselle Rose, s'est retournée pour rire. Il se dit :

« C'est la jeune personne qui est si moqueuse; elle aura trouvé que je saluais mal. »

Mais le piano résonne. Théophile présente sa

main; sa danseuse se lève, il l'entraîne; elle se met à sautiller en le suivant, et il se dit :

« Il paraît qu'elle est pressée de danser. » Mais bientôt il ne tarde pas à découvrir la vérité : mademoiselle Cécile boite : elle boite horriblement; et quoiqu'en dansant elle essaye de dissimuler cela en sautant toujours, lorsque vient la *chaîne des dames*, et la *promenade*, le malheureux cavalier ne peut plus douter de l'infirmité de sa danseuse.

Dès que le quadrille est fini, Théophile retourne près du monsieur bavard, et il lui dit :

— Elle boite, monsieur... elle boite horriblement, votre demoiselle.

— Oui... un peu... c'est vrai, mais d'une jambe seulement.

— Ah ! monsieur... si vous m'aviez dit cela plus tôt... Je comprends à présent. Ah ! elle boite !...

— Mais lorsqu'elle est assise, vous voyez qu'on ne s'en douterait pas.

— C'est vrai, monsieur, mais on ne prend pas une femme pour qu'elle soit toujours assise, à moins cependant qu'on ait l'intention de la mettre dans un comptoir.

Après avoir recueilli tous ces renseignements sur les personnes à marier qu'il rencontrait dans la société, Théophile allait trouver son ami Badinet, qui lui disait :

— Eh bien! est-ce qu'il n'y a pas de demoiselle à épouser dans les maisons où tu vas?

— Si fait. Oh! tu me l'avais bien dit; il n'en manque pas... J'ai même pris des renseignements... Il y a toujours des gens qui ne demandent pas mieux que de jaser... si j'osais, je dirais de cancaner sur ceux qu'ils fréquentent... On m'en dit! on m'en dit!... Il y aurait de quoi faire un journal.

— Et tu n'as pas encore rencontré ce qu'il te faut?

— Je ne crois pas... c'est difficile.

— Eh bien! ne perds pas courage. Samedi prochain, nous donnerons une soirée: on dansera... enfin, j'espère qu'on s'amusera.

— Et à cette soirée tu auras des demoiselles?

— J'en aurai beaucoup, mais une surtout... Ça serait bien ton affaire... physique agréable...

— Elle ne boite pas?

— Ah! par exemple, nous n'aurons pas une seule boiteuse.

— Ah! tant mieux, mon ami; car dernièrement je suis tombé sur une demoiselle... qui sans cela me plaisait assez; mais je déteste les boiteuses... qu'on louche tant qu'on voudra, cela m'est égal; au contraire, j'ai vu une infinité de dames qui louchaient et qui étaient charmantes: je suis persuadé que si elles avaient regardé des deux yeux comme tout le monde, elles auraient été moins piquantes.

— Mon cher Théophile, la personne que j'ai en vue pour toi ne louche pas; je me flatte pourtant qu'elle te plaira... Fais-toi bien beau, bien séduisant pour samedi... sois aimable, galant, et c'est un mariage fait.

— Ah! si tu me disais tout de suite le nom de la personne...

— Non pas, vraiment! si tu la connaissais d'avance, cela te rendrait gauche et embarrassé près d'elle.

— Tu crois?

— J'en suis certain... D'ailleurs, toi qui es pour la sympathie, tu dois préférer cela; ton cœur te guidera.

— A samedi, alors, et je tâcherai d'être aimable avec toutes les demoiselles.

— Tu feras bien; c'est le seul moyen pour plaire aux femmes; en général, si vous ne faites la cour qu'à une seule, vous avez peu de chances de succès; si vous les courtisez toutes, on vous trouve charmant.

XIII

UNE SOIRÉE CHEZ BADINET

Le fameux samedi est arrivé. Théophile s'est fait faire un habit neuf dans lequel il est fort mal à son aise, ce qui lui donnera nécessairement l'air plus gauche, plus embarrassé que d'ordinaire; et c'est pour être beau, pour plaire, qu'il se met dans un vêtement avec lequel il ne peut pas lever les bras, qu'il porte un faux-col en satin noir, orné d'une magnifique rosette, qui ne lui permet pas de tourner la tête sans se blesser les joues; mais il y a des gens maladroits dans tout ce qu'ils font; et lorsqu'ils veulent s'embellir, ils ne manquent pas de se rendre ridicules.

Ensuite, pour se poser sur-le-champ en petit maître, Théophile a jugé nécessaire de se parfumer.

Il a mis de la vanille dans ses cheveux, de la rose sur sa chemise, du jasmin dans ses gants, de la fleur d'oranger sur son mouchoir et il a mis de tout cela à profusion si bien qu'on le sent à dix pas, et que près de lui on se croit dans un magasin de parfumerie.

A son entrée dans le salon de Badinet, tout le monde lève le nez, on respire avec sensualité, et chacun se dit:

« C'est probablement un bouquet que l'on apporte à madame Badinet... il faut que ce soit un bien beau bouquet car il embaume. C'est plutôt un arbuste, un oranger qu'on lui envoie. »

— Et tous les yeux se tournent vers la porte du salon. On est tout surpris de voir entrer un monsieur qui ne ressemble nullement à un oranger, et qui, en se précipitant au-devant de Badinet, qui vient à lui, marche sur le pied d'un vieux monsieur assis près de la porte, et accroche la robe d'une dame qui pousse un cri d'effroi en voyant un des volants de sa garniture se détacher et suivre ce monsieur.

Badinet se hâte de faire reculer son ami, qui se débarrasse avec peine de la robe dans laquelle il patauge, et se retourne vers la dame désolée en lui disant.

— Il n'y a pas de mal... ne faites pas attention !

— Comment ! il n'y a pas de mal, monsieur ! mais je trouve qu'il y en a beaucoup, moi.

— Est-ce que c'est toi qui sens comme cela? dit Badinet en souriant à Théophile.

— Si c'est moi qui sens?...Mais comment l'entends-tu?

— Cette odeur de vanille, de jasmin, d'orange, qui s'exhale de toi comme d'un sachet.

— Ah! oui, je me suis parfumé. Est-ce que ce n'est pas distingué? Est-ce que je n'embaume pas?

— Si fait. Je crains seulement que tu n'embaumes trop. Enfin, j'aime à croire que cela se dissipera. Va donc saluer ma femme.

— Certainement, mais est-elle ici?

— Qui?... Ma femme?

— Eh! non, l'autre, la personne que tu crois qui pourrait me...

— Je ne te dirai rien avant minuit... En attendant, sois aimable, joue, danse, cause, fais ce que tu voudras.

Théophile va saluer la maîtresse de la maison; mais, tout en lui adressant un de ces compliments d'usage, ses yeux se portent à droite et à gauche; car, auprès de madame Badinet, il aperçoit beaucoup de demoiselles; il en voit encore près du piano, puis d'autres plus loin. Toutes lui paraissent jolies. Il se figure que toutes l'examinent d'une façon particulière; il devient rouge jusqu'aux oreilles; il ne sai plus quelle contenance tenir; il se sent plus gêné que jamais dans son habit et dans sa cravate et lorsque madame Badinet lui dit :

— J'espère que vous ferez danser nos demoiselles, monsieur Tamponnet?

Il lui répond, en tâchant de sourire.

— C'est surtout dans les entournures que je demanderai du jeu.

Puis Théophile opère sa retraite de cette place où il est le point de mire de tous les regards, en marchant sur la queue du chat de la maison et en jetant par terre un petit garçon de trois à quatre ans qui courait derrière lui.

Le chat miaule, le petit garçon crie; Théophile, se tourne vers la maman, qui tâche de calmer son enfant, et il s'écrie :

— Oh ! mille pardons, madame. Est-ce que je lui aurais marché sur la queue ?... C'est un angora...

Cette dame regarde d'un air offensé Théophile, qui se tourne alors vers le chat, en disant :

— Comme il a l'air raisonnable... Je gage qu'il connait déjà ses lettres... Et il a cinq ans. Il est bien petit pour son âge. Il ressemble bien à sa mère !...

Alors toutes les demoiselles se mettent à rire, excepté la maman du petit garçon. Et Théophile, encore plus intimidé, va se réfugier dans un salon où l'on joue, en se disant :

— Ma foi, il y en a trop... Je ne puis pas deviner

dans toutes ces demoiselles : je craindrais de me blouser. Attendons... je ferai danser les plus jolies... et je tâcherai de ne plus jeter d'enfant par terre... J'ai cru que la mère de celui-ci allait me foudroyer avec ses yeux.

Dans la salle où Théophile vient d'entrer il y a une table où l'on joue le whist, et une autre où l'on fait la bouillotte.

La table du whist est occupée par une dame et trois messieurs. Ces quatre joueurs ont un air sérieux, sévère, et quelquefois courroucé, qui ne permet pas de penser qu'ils se sont mis autour de cette table pour s'amuser.

De temps à autre, l'un pousse un soupir ; un autre lève les yeux au ciel ; celui-ci serre les poings en laissant échapper des mouvements d'impatience, et la dame murmure entre ses dents :

— Je ne veux rien dire... ; je ne dirai rien, parce qu'on ne doit rien dire... mais je ne comprends pas cette manière de jouer... Cela dérange toutes mes combinaisons... Je déclare que je n'y suis plus du tout!

Théophile s'est approché et regarde le jeu de celui des trois messieurs qui paraît méditer le plus profondément sur chaque coup, et qui, quelquefois, tient sa tête trois minutes dans ses mains avant de jeter sa carte ; ce qui, pour la galerie, dénote un joueur de première force.

On attaque carreau. Le monsieur se crispe ; il demeure plusieurs minutes plongé dans ses calculs ; enfin, après de longues hésitations, il lâche sa carte ; c'est un carreau, et il n'avait que celui-là.

Théophile s'éloigne de la table de whist en se disant : « Si c'est pour cela que ce monsieur tient sa tête dans ses mains pendant cinq minutes à chaque coup, je ne tiens pas à prendre de ses leçons. Voyons la bouillotte, au moins ils ont l'air plus gais... ils ne se lancent pas des regards fulminants, ces joueurs-là. »

Les quatre jeunes gens qui font la bouillotte paraissent être liés entre eux, car ils entremêlent leur partie d'apostrophes fort comiques ; ils se renvoient l'un à l'autre les épithètes, les noms les plus injurieux, tout cela en plaisantant, et qui donne à leur bouillotte un cachet d'originalité assez divertissant.

— A toi à faire, grand escogriffe.

— Mettez devant vous, brigands... la volante est triple...

— Je gage que ce sera encore pour ce grippe-sous de Lasselle...

— D'abord, je ne m'appelle pas Lasselle... vous m'estropiez toujours.

— Je vais !

— Moi aussi.

— Je passe.

— Or et bijou?

— Qu'est-ce que ça veut dire?

— Est-il arriéré, ce paysan! ça veut dire mon tout.

— De quoi se compose ce tout?

— Ah! pas grand'chose... douze... quinze... dix-sept francs cinquante.

— Il a brelan, ce chenapan... Tant pis, je tiens. Quarante de cœur... Il a gagné, le scélérat.

— Tu vois bien que je n'avais pas brelan.

— C'est égal, j'ai eu tort de tenir, je joue trop légèrement... Il n'y a que moi qui joue comme ça... aussi je perds toujours.

— Quel filou... Il a encore gagné mercredi dernier.

— Ah! ouiche... enfin en ce moment je perds quarante francs.

— Moi trente.

— Moi, je ne gagne pas.

— Moi je ne suis pas dans mon argent.

— Je l'aurais parié, tout le monde perd... c'est toujours comme cela à la bouillotte.

Badinet ne tarde pas à venir trouver Théophile :

— Qu'est-ce que tu fais là?

— Je regarde jouer.

— Comment, tu regardes jouer des hommes... c'est ainsi que tu veux plaire à la dame en question.

— Écoute donc, j'ai déjà fait tant de bêtises dans le salon que cela m'intimide... j'ai peur de commettre encore des gaucheries...

— Viens toujours; mais c'est dommage que tu sentes si fort : quelle idée de se transformer en sachet... Viens, on va danser... invite celle qui te plaira le plus.

— Si ce n'était pas celle-là?

— Invite toujours.

Théophile rentre dans la salle où l'on danse. Il passe en revue toutes les demoiselles, et fixe son choix sur une brune assez jolie, qui a le teint un peu pâle et l'air sentimental. Il l'invite pour la contredanse, on accepte, et bientôt il est en place avec sa danseuse, qui de temps à autre le regarde en dessous, et semble attendre qu'il lui dise quelque chose.

Après avoir longtemps cherché pour ne point tomber dans les phrases banales, Théophile dit:

— Je crois que le parquet est trop ciré...

— Vous croyez, monsieur?

— Ce doit être bien glissant pour danser... Vous n'êtes pas encore tombée, mademoiselle?

— Non, monsieur; mais, en vérité, vous me faites peur, je ne vais plus oser faire des pas.

— Oh! ça ne fait rien, mademoiselle, quand vous glisseriez un peu...

— Mais, monsieur, je ne veux pas glisser du tout.

— Rassurez-vous, je vous soutiendrai.

— Mon Dieu! comme cela sent les fleurs ici, ne trouvez-vous pas, monsieur?

— Ah! oui... en effet, cela sent... tout plein de choses... mais cela sent bon.

— Sans doute... mais c'est trop fort... Ce qu'il y a de singulier, c'est que je ne vois pas de fleurs dans le salon... A moins qu'elles ne soient derrière les rideaux...

La ritournelle du pantalon met fin à cette conversation. Théophile veut très bien danser, mais son habit trop étroit gêne ses mouvements; sa cravate trop serrée gêne son cou, et la cire du parquet gêne ses pieds, qui, à chaque instant, font des écarts et menacent de se dérober entièrement sous lui. Tout cela ne donne pas de grâce et de légèreté à sa danse; ensuite il se trouve avoir pour vis-à-vis une jeune blonde dont la figure est vive et mutine, dont les yeux sont petits, mais spirituels; cette petite blonde sourit fort agréablement en dansant, mais chaque fois que son vis-à-vis fait un écart et manque de tomber, ce sourire se change en un bruyant éclat de rire, qu'elle essaye aussitôt de comprimer, mais qui repart un instant après.

Théophile, qui a remarqué les sourires moqueurs de la demoiselle qui est en face de lui, se sent encore plus embarrassé chaque fois que la figure l'oblige à danser devant elle. Ses jambes s'emmêlent, s'entre-choquent, il se trompe dans la figure, il glisse de plus belle, il va balancer devant un monsieur qui n'est pour rien dans le quadrille, et qui le regarde avec de grands yeux étonnés, puis il revient tout penaud devant sa danseuse s'excuser de lui avoir fait manquer la figure. Mais du moins celle-ci ne lui rit pas au nez, bien loin de là, dès qu'il s'approche d'elle, la jolie brune pâlit, s'émeut, son sein se gonfle, ses regards deviennent languissants, et de temps à autre elle porte la main à son front.

En voyant l'effet qu'il produit sur sa danseuse, Théophile se dit :

« Ce doit être la demoiselle en question... Tant mieux, elle me plait... Comme elle est émue près de moi. Elle a une figure mélancolique, il y a du romantique dans cette tête-là. Cette femme-là saura bien aimer... On lui a peut-être glissé quelques mots sur moi et sur mes projets. Sa main m'a semblé trembler dans la sienne. Charmante jeune fille, il y a de la sympathie entre nous. Ce n'est pas comme avec cette jeune blonde en face. Certainement elle est gentille, bien faite, mais je ne puis pas la souffrir. Elle ne me quitte pas des yeux quand je danse... Quel air moqueur! ça me trouble, c'est elle qui est cause que je me trompe, et que j'ai manqué plusieurs fois de tomber en glissant. Ah! mon Dieu! c'est à moi... le cavalier seul; lançons-nous. Sapristi! comme mon habit me gêne. »

Théophile se lance ainsi qu'il se l'est promis; il emploie tous ses moyens pour avoir de la grâce et du *laisser-aller;* il est probable que cela produit un effet contraire, car il entend bientôt les rires étouffés de son vis-à-vis; alors, ne sachant plus ce qu'il fait, et voulant achever son pas par quelque chose qui étonne, il risque un entrechat, mais en le terminant il glisse des deux pieds; en cherchant à se retenir pour ne point tomber, il s'accroche à la première chose qu'il trouve sous sa main; cette première chose se trouve être le voile de dentelle qu'une dame d'une cinquantaine d'années et d'une extrême maigreur avait mis sur sa poitrine en guise de fichu, et cette dame faisait partie du quadrille où elle essayait de lutter de légèreté avec les jeunes filles; elle y parvenait parce qu'elle était extrêmement mince, et, vue par derrière, pouvait encore faire illusion et passer pour une jeune danseuse.

Cependant le voile de dentelle n'était pas de force à soutenir Théophile; celui-ci s'est étalé au milieu du quadrille, emportant dans sa chute cette partie de la toilette de la grande dame maigre.

Celle-ci pousse un cri en se sentant décolletée aussi brusquement, elle se trouve exposer à tous les regards des appas que personne ne demandait à voir; elle se hâte de croiser ses mains sur sa poitrine comme la Vénus pudique; Théophile est en train de se relever, et la jeune blonde rit à en pleurer, lorsque tout à coup un mouvement d'effroi se manifeste un peu plus loin, c'est la demoiselle brune et pâle, la danseuse de Théophile, qui, après avoir encore porté sa main à son front, vient de s'évanouir.

Tout le monde s'empresse de porter secours à cette jeune personne que l'on transporte près d'une croisée ouverte dans une autre pièce. Pendant ce temps, Théophile s'est relevé, la dame maigre a ramassé son voile et recouvert des choses qu'on est bien fâché d'avoir vues.

— Qu'y a-t-il donc? demande Théophile qui boite parce qu'il s'est légèrement foulé le pied en tombant.

— C'est une demoiselle qui se trouvent mal... c'est votre danseuse, mademoiselle Euphémie.

— Elle se trouve mal!... Pauvre jeune fille, il serait possible!... Quoi! parce qu'elle m'a vu tomber, cela lui a produit tant d'effet? Quelle sensibilité! Quel cœur! Et quel intérêt je lui inspire déjà! Comme c'est aimable de sa part de s'évanouir en me voyant par terre. Ce n'est pas comme la blonde, mon vis-à-vis, je l'ai entendue rire aux éclats... Mauvais cœur! Je me rappelle à présent qu'au moment où je suis tombé, elle s'est écriée : Ça ne pouvait pas manquer d'arriver.

Et Théophile se hâte de quitter le salon pour aller près de la demoiselle qui s'est trouvée mal; sur son chemin il rencontre la blonde si rieuse, elle le regarde d'un air piteux et lui dit :

— Comment, monsieur, vous boitez... vous vous êtes donc fait du mal en tombant?

— Oui, mademoiselle, je me suis fait assez de mal... C'est drôle, n'est-ce pas?

— Ah! monsieur, pouvez-vous supposer que je trouve plaisant de voir souffrir quelqu'un!

— Pourtant, mademoiselle, cela vous a fait bien rire de me voir tomber.

— Mon Dieu, monsieur, ne savez-vous pas que c'est toujours le premier effet que cela produit, dès que l'on voit tomber quelqu'un... A moins que ce ne soit un vieillard on rit d'abord, sauf ensuite à secourir les personnes si elles se sont fait mal. Et puis, monsieur, c'est que vous aviez déjà glissé si souvent. Je m'attendais à ce qui vous est arrivé... Ah! ah! ah!

Et la jeune blonde se remet à rire, et Théophile la quitte en se disant : « Je ne suis pas dupe de son petit air de bonhomie... Courons secourir Euphémie... O Euphémie!... quel joli nom... je suis enchanté qu'elle se nomme Euphémie!... »

Théophile entre dans la pièce où l'on a transporté sa danseuse. Celle-ci est étendue sur une causeuse que l'on a approchée de la fenêtre, on lui a jeté de l'eau fraîche au visage et elle commence à reprendre connaissance et à rouvrir les yeux; il y a encore beaucoup de monde autour d'elle; mais Théophile parvient à se faire jour, à se faufiler entre les dames, il arrive tout près de la malade, et commence une phrase.

— Ah! mademoiselle! combien je suis touché... combien je suis sensible... à l'intérêt que...

Mais mademoiselle Euphémie ne laisse pas Théophile terminer sa phrase... elle éprouve comme une crise nerveuse, elle étend ses mains vers lui pour empêcher qu'il ne s'approche; aussitôt toutes les dames qui sont là prennent Théophile, l'une par le bras, l'autre par son habit, et le poussent hors de la chambre en lui disant :

— Allez-vous-en, monsieur... éloignez-vous bien vite... vous voyez bien que votre présence lui fait mal... vous venez de lui faire avoir une nouvelle crise...

— Eh quoi! mesdames, vous pensez que c'est moi qui suis cause... que cette demoiselle...

— Oui, monsieur, c'est vous... Il n'y a pas le moindre doute ; car cela lui a pris en dansant avec vous... et cela n'a rien d'étonnant... Oh! éloignez-vous bien vite, monsieur... elle doit s'apercevoir que vous êtes encore là...

Théophile s'est laissé repousser dans une pièce d'entrée; il est tout étourdi de ce qui lui arrive, et se dit :

« Il paraît que tout le monde a deviné les sentiments que j'inspire à mademoiselle Euphémie... ce n'est plus un secret pour personne... heureusement pour elle que je les partage... il faudrait être bien ingrat pour ne pas être touché par les témoignages d'un intérêt si vif. Ah! voilà Badinet...

— Mon cher Théophile, dit Badinet en s'approchant de son ami, je viens te prier de me faire le plaisir de ne plus danser, parce que tu es un cavalier trop dangereux; tu déshabilles les unes, tu fais évanouir les autres... tu fais même des trous dans mon parquet... je ne sais pas où tu t'arrêterais... c'est effrayant.

— Sois tranquille, cher ami, je ne danserai plus, ce qui me serait d'ailleurs impossible maintenant, car je me suis foulé le pied et je peux à peine marcher. Je vais rentrer chez moi et me coucher.

— Ma foi, je ne te retiens pas... car je craindrais qu'en restant, tu ne fisses évanouir toutes les dames de ma société.

— Hum! mauvais plaisant... c'est égal, Badinet, je m'éloigne enchanté... car je la connais... je sais qui...

je n'ai pas eu besoin d'attendre jusqu'à minuit.

— Bah ! vraiment, tu as deviné quelle est la demoiselle que je te destine?...

— Oui, mon ami, belle malice... D'ailleurs, est-ce qu'il n'y a pas toujours la sympathie qui dit à notre cœur : La voilà?

— Et te plaît-elle ?

— Si elle me plaît ! j'en suis fou, je l'adore... je vais bien vite guérir ma foulure pour me dépêcher de l'épouser...

— Comment, tu as pris feu ainsi ?

— Mais il me semble qu'elle en a fait au moins autant.

— Tu crois ?

— Si je le crois... il est ravissant, parole d'honneur... Allons, retourne à ta société... je vais me coucher... mon pied est très enflé... mais fais-lui entendre que mon cœur est à elle, et que, dès ce moment, son image... ses yeux... Aïe !... j'ai très mal, je vais me coucher.

XIV

THÉOPHILE SE MARIE

Le lendemain de son bal, Badinet, qui tient à savoir si son ami est toujours dans les mêmes sentiments, se rend chez Théophile, qu'il trouve étendu sur une chaise longue, le pied entortillé dans des compresses de savon noir et d'eau-de-vie camphrée.

En apercevant son ami Badinet, le blessé lui tend la main et lui dit :

— Tu es gentil d'être venu me voir, Badinet, tu ne saurais croire combien tu me fais plaisir.

— N'est-ce pas une chose toute naturelle? Comment va ton pied d'abord?

— Oh! très bien, ce n'est qu'une foulure; en me tenant tranquille trois jours ce sera fini. Mais donne-moi des nouvelles de la charmante personne... dont je compte faire madame Tamponnet, comment va-t-elle?

— Très bien, elle a dansé jusqu'à deux heures du matin.

— Ah! elle a dansé si tard... son indisposition n'a donc pas eu de suite?

— Son indisposition? mais elle n'a jamais paru indisposée.

— Allons donc! tu veux rire, elle était encore à demi évanouie quand je suis parti.

— Elle était évanouie... mademoiselle Nathalie Gerbault!

— Qu'est-ce que c'est que ça... mademoiselle Nathalie Gerbault... je ne connais pas ça! je te parle de mademoiselle Euphémie... cette brune romantique... au teint pâle... avec qui j'ai dansé... et qui s'est trouvée mal en me voyant tomber au milieu du salon.

— Mademoiselle Euphémie Durmont!

— Je ne connais pas son nom de famille... c'est Durmont!... il me plaît aussi.

— Ah çà! Théophile, à propos de quoi me parles-tu de mademoiselle Euphémie... c'est de Nathalie qu'il est question... cette jeune blonde que je te destine.

— Une jeune blonde... qui rit toujours!... et qui dansait en face de moi, peut-être?

— Précisément.

— Comment, c'est celle-là... ah! merci, je n'en veux pas de ta blonde... je ne l'épouserais pas quand même elle aurait deux cent mille francs de dot.

— Sois tranquille, elle ne les a pas... Mais pourquoi donc cet éloignement pour cette demoiselle, qui est fort bien, fort spirituelle, fort gaie?

— Fort bien, c'est possible... fort gaie... oh! oui, trop gaie même! elle n'a pas cessé de me rire au nez pendant que je dansais... ça me troublait; c'est elle qui est cause que je suis tombé... et que j'ai dévoilé... les mystères de cette grande dame maigre.

— Eh! mon Dieu, mademoiselle Nathalie a ri... parce que tu étais si drôle en dansant... avec tes bras gênés dans ton habit... Qu'est-ce que cela prouve... il fallait rire aussi, toi, vous auriez été d'accord sur-le-champ.

— Bien obligé; je préfère infiniment la demoiselle brune et pâle avec qui j'ai dansé... j'ai fait sur-le-champ la plus vive impression sur son cœur... elle soupirait près de moi... et c'est flatteur.

— Tu as rêvé cela.

— J'ai rêvé cela... et quand je suis tombé, n'a-t-elle pas perdu connaissance... ai-je encore rêvé?

— Comment, tu te figures que c'est pour toi que mademoiselle Euphémie s'est évanouie?

— Et pour qui donc?

— Ah ! ah ! mon pauvre Théophile... mais ce sont les parfums dont tu étais imprégné qui ont porté sur les nerfs à cette jeune personne... qui déteste les odeurs... elle l'a dit elle-même en rouvrant les yeux; c'est pour cela que quand tu as voulu te rapprocher d'elle elle a vivement fait signe à ces dames de te faire sortir.

Théophile fronce le sourcil, pince ses lèvres et murmure :

— Ah ! tu te figures que ce sont les odeurs que j'avais sur moi qui ont causé l'évanouissement de cette demoiselle?

— Je me le figure d'autant plus que presque toutes les dames m'ont dit aussi : Voilà un monsieur qui est trop parfumé... Il n'y a pas moyen de rester à côté de lui... tâchez donc de le mettre quelque temps sur votre balcon en espalier.

— Ah ! les dames t'ont dit cela... ça m'est égal, je garde mon opinion. Ce n'est donc pas mademoiselle Epuhémie Durmont que tu désires me voir épouser ?

— Non, mon ami ; c'est mademoiselle Nathalie Gerbault... qui a une jolie dot et un charmant caractère... toujours égal, toujours gai; quand tu la connaîtras mieux, tu verras si j'ai raison.

— Merci, je ne tiens pas à la connaître davantage. C'est mademoiselle Euphémie qui me plaît, c'est elle que je veux épouser... est-ce qu'elle n'est pas à marier aussi?

— Si fait, depuis longtemps même, car elle a bien vingt-cinq ans.

— Est-ce qu'il court sur son compte des cancans fâcheux?

— Pas du tout! c'est une jeune personne fort honnête, fort bien élevée.

— Eh bien, alors pourquoi pas celle-là aussi bien que l'autre?

— D'abord la dot est plus modique.

— Qu'importe! j'ai assez pour deux.

— Ensuite, ma femme, qui est amie de Nathalie, sait que c'est une jeune personne qui rendra un mari heureux... tandis que mademoiselle Euphémie, qui est romanesque, nerveuse... mon cher ami, les femmes nerveuses... c'est bien risquer en ménage.

— Je ne déteste pas cela... c'est une preuve de sensibilité.

— Enfin, mademoiselle Nathalie n'a plus que son père homme fort aimable, qui ne viendra pas fourrer son nez dans le ménage de son gendre, tandis que mademoiselle Euphémie a encore sa mère, grande dame qui ne rit jamais, et qui, en mariant sa fille, mettra pour condition qu'elle ne veut pas la quitter... et une belle-mère... c'est une terrible chose quelquefois.

— Bah! on exagère toujours. Une belle-mère ça fait de la compagnie, et elle veille sur notre femme quand nous ne sommes pas là... Mon ami, je veux épouser mademoiselle Euphémie.

— Tu y es bien décidé?

— Très décidé.

— Tu te rappelleras que ce n'est pas moi qui te l'ai conseillé.

— Certainement... mais comme c'est moi qui épouse, cela me regarde.

— Très bien. Fais ce que tu voudras. Dès que tu pourras sortir, viens à la maison; nous te ferons trouver avec mademoiselle Durmont et sa mère... Mais si tu veux réussir près de la fille, crois-moi, ne te parfume plus.

Au bout de quatre jours, Théophile sortait. Quinze jours plus tard, il s'était déclaré à mademoiselle Euphémie, qui ne s'était pas trouvée mal. Un mois plus tard, tout était terminé. Théophile conduisait à l'autel celle avec qui il avait dansé chez Badinet.

Le nouveau marié était radieux; sa femme avait l'air modestement satisfait, et madame Durmont, la belle-mère de Théophile, se tenait presque constamment derrière son gendre, et lui soufflait tout ce qu'il devait faire, comme à un petit garçon sortant de pension.

XV

THÉOPHILE DANS SON MÉNAGE

— Mon gendre, vous allez me donner le bras... votre femme prendra celui de son cousin.

— Oui, belle-maman.

— Mon gendre, quand nous serons chez le traiteur où se donne le repas, vous n'irez point parler bas à votre femme... on pourrait supposer des choses inconvenantes.

— Oui, belle-maman.

— Vous ne l'embrasserez pas.

— Comment ! vous ne voulez pas que j'embrasse ma femme ?...

— Devant le monde, c'est très mauvais genre. N'avez-vous pas le temps chez vous ?

— C'est juste.

— A table, vous ne serez point assis près de votre femme, mais près de moi.

— C'est convenu, belle-maman.

— Pendant le repas, vous aurez soin que l'on ne chante pas de couplets faits sur votre mariage... ceux qui les font se permettent toujours des plaisanteries trop libres, les dames ne savent plus quelle contenance tenir : c'est de très mauvais goût.

— On ne chantera pas, belle-maman.

— Le soir, vous ne danserez qu'une fois avec votre femme... Vous entendez ! rien qu'une fois !

— Pourquoi donc si peu ?

— Parce qu'il faut laisser la mariée accepter les invitations des parents, des amis, des étrangers...

— Mais je ne me suis pas marié pour que ma femme danse avec d'autres et pas avec moi.

— Qu'est-ce à dire, mon gendre ; est-ce que vous voudriez m'apprendre les usages de la bonne compagnie ?..... ce serait un peu fort !

— Belle-maman, je n'ai pas eu l'intention de...

— C'est bien assez ; j'accepte vos excuses... Arrivons au point le plus délicat... à celui... vous devez me comprendre...

— Non, belle-maman, je n'y suis pas du tout.

— Ecoutez, mon gendre. Il y a des nouveaux mariés qui, le jour de leur noce... alors que le bal est dans tout son éclat, se permettent d'emmener leur femme...

de l'enlever, enfin de disparaître avec elle... et cela quelquefois sur le minuit.

— Et vous ne voulez pas que je disparaisse, belle-maman?

— Ah! fi! monsieur... fi!... Si vous faisiez une chose pareille, le lendemain de votre mariage, je forcerais votre femme à plaider en séparation avec vous.

— Soyez tranquille, belle-maman, je ne disparaîtrai pas. Mais, alors, quand me sera-t-il permis de m'en aller avec ma femme?

— C'est moi qui emmènerai ma fille, monsieur ; je saurai le faire en temps opportun, et lorsque cela ne blessera pas la décence.

— Et moi, belle-maman, qui est-ce qui m'emmenera?

— Vous vous en irez tout seul, mon gendre; mais vous attendrez pour cela qu'il n'y ait plus un chat dans le bal... vous entendez...

— Cela pourra me faire coucher bien tard... il y a des gens qui demandent des cotillons... des boulangères, des carillons...

— Vous vous coucherez toujours assez tôt, mon gendre.

— Pourquoi donc cela, belle-maman?

— Assez, monsieur Tamponnet, assez! Voilà une conversation qui ne doit pas être poussée plus loin.

D'après la conversation que nous venons de rapporter entre le marié et sa belle-mère, on doit penser que la noce de Théophile fut médiocrement gaie. Lorsqu'un convive se permettait quelques plaisanteries, madame Durmond marchait sur le pied de son gendre, qui marchait sur celui de sa voisine ; celle-ci en faisant autant à son voisin, et ainsi de suite ; en se marchant comme cela sur les pieds, on arrivait à la personne qui risquait des gaudrioles, et elle comprenait qu'elle devait s'arrêter.

Mais Théophile regardait amoureusement sa femme qui regardait mélancoliquement son assiette. Il se disait :

— Je suis sûr qu'Euphémie n'ose pas tourner les yeux de mon côté parce que sa mère le lui aura défendu. Heureusement nous ne serons pas toujours devant belle-maman ! et enfin, après tout, Euphémie est ma femme, c'est ma propriété, je suis son mari... et si la belle-mère m'ennuyait par trop... je finirais par l'envoyer... se promener toute seule.

La noce est passée ; la lune de miel l'a suivie, puis une quantité d'autres lunes qui ne sont pas absolument de miel pour Théophile, car sa belle-mère est continuellement chez lui. Elle a pris l'habitude d'y commander ; il ne peut point sortir avec sa femme sans avoir belle-maman à tenir sous l'autre bras ; on ne va pas au spectacle si cela ennuie belle-maman ; on n'accepte pas une invitation pour dîner en ville, si les personnes qui l'ont faite ont eu l'impolitesse de ne point inviter aussi la belle-maman ; on ne reçoit pas chez soi telle ou telle personne, parce qu'un jour, en entrant dans le salon, ce n'est pas belle-maman qu'elle a saluée la première ; on renvoie une domestique qui faisait bien son ouvrage, parce qu'elle a été *répondeuse* avec belle-maman, et on en garde une qui fait fort mal la cuisine, parce qu'elle a dit que belle-maman était une superbe femme !

C'est à n'en plus finir avec les précautions qu'il faut prendre pour ne point mettre belle-maman de mauvaise humeur. De temps à autre Théophile se promet encore de faire sa volonté, de montrer qu'il est le maître, mais aussitôt que sa belle-mère paraît et fixe sur lui son œil vert-gris, qui n'est pas doux, il sent toutes ses résolutions s'évanouir, et il devient docile comme un mouton.

D'ailleurs l'hymen portait ses fruits. Euphémie s'arrondissait chaque jour davantage ; Théophile était dans l'enchantement ; il regardait sa femme avec fierté, il se regardait lui-même dans la glace avec complaisance et comme quelqu'un qui est content de lui ; quand ses connaissances venaient le voir, il se frottait les mains, souriait d'un air malin ; et une fois, il s'était permis de dire en montrant Euphémie :

— Vous voyez que nous n'avons pas perdu notre temps ?

Mais cela lui avait attiré une scène de sa belle-mère ; elle lui avait soufflé dans l'oreille :

— Fi ! monsieur, n'êtes-vous pas honteux de dire des choses pareilles !

— Mais belle-maman, quand on est marié, ces choses-là sont permises... et si je ne remplissais pas mes devoirs de mari... il me semble que mon épouse...

— Taisez-vous, monsieur, je vous prie de ne point ajouter un mot ! je n'ai point d'éventail, monsieur !...

Théophile était très vexé, mais il se taisait ; et lorsqu'il voyait son ami Badinet, il se gardait bien de lui conter toutes les tribulations que lui faisait éprouver sa belle-mère, car celui-ci lui aurait répondu :

Tu l'as voulu, Georges Dandin !

Euphémie a mis au monde un garçon. Théophile, enchanté d'avoir un fils s'occupe sur-le-champ du choix d'une nourrice ; mais belle-maman déclare que l'enfant doit être élevé au biberon, et la nourrice est congédiée.

Théophile craint que la santé de son fils ne soit pas aussi bonne avec le biberon qu'avec le sein. Il propose à sa femme d'allaiter leur petit ; mais belle-maman ne veut pas que sa fille se livre à des soins qui l'obligeraient parfois à découvrir son sein devant des regards profanes.

C'est en vain que Théophile lui dit :

— Madame, il n'y a rien de plus respectable qu'une mère allaitant son enfant... Jamais, que je sache du moins, cela n'éveillera des idées inconvenantes, même chez le plus mauvais sujet

Madame Durmond répond avec arrogance :

— Monsieur, les biberons ont été inventés pour que les femmes ne soient plus obligées de découvrir leur gorge... C'est un des plus beaux progrès de la civilisation... Quant aux nourrices, on doit les supprimer. Je suis bien persuadée qu'avant peu il n'y aura plus de nourrices.

Théophile se tait de crainte de contrarier sa femme, et le petit garçon est élevé au biberon. Le papa se console parce que cela lui permet de garder son enfant chez lui, et par conséquent, de le voir à toutes les heures de la journée. Il s'habitue même assez facilement aux cris, aux pleurs, aux plaintes, aux gémissements si fréquents chez les enfants au maillot.

Mais Euphémie, qui est excessivement nerveuse, ne supporte pas aussi bien que son mari ce bourdonnement presque continuel causé par les plaintes de l'enfant. Lorsque le petit garçon crie trop, elle met son chapeau, son châle, et dit à sa mère :

— Sortons, ma mère, je vous en prie, sortons ! Je ne puis pas supporter d'entendre ainsi crier cet en fant... Vous avez beau me dire : C'est parce qu'il fait ses dents, cela n'en est pas moins déchirant pour mon cœur... cela m'irrite les nerfs.

— Viens, ma fille, sortons alors... Mon gendre, veillez bien sur l'enfant ; ne le quittez pas... vous avez le biberon, près de vous, vous savez que c'est souvent le moyen de le calmer... usez-en... mais avec modération.

Et ces dames s'éloignent, laissent Théophile assis près du berceau de son fils, mettant du lait dans le biberon, le goûtant pour voir s'il est assez sucré, et enfin, insinuant cet instrument dans la bouche de l'enfant, en murmurant :

— Bois, Hippolyte, bois, mon garçon... Un jour tu sauras que ton père a été ta nourrice... Je ne sais pas si tu m'en aimeras mieux pour cela. Tu le devrais, il me semble, car enfin, je suis presque à la fois ton père et ta mère ! Je remplis des fonctions qui ne sont pas ordinairement celles d'un homme... Bois, cher ami. Si tu es bien sage, si tu deviens quelque jour un héros, un artiste célèbre, je pourrai dire : C'est moi qui l'ai nourri de mon lait ! On croira que je dis des bêtises, et ce sera pourtant la vérité...

Si Badinet me voyait donnant le biberon à un nouveau-né, c'est pour le coup qu'il m'en dirait long... Ces dames sont bien longtemps dehors... O Hippolyte ! pourvu que tout cela vaille une véritable nourrice... J'en doute, quoi que puisse dire belle-maman.

Le petit garçon, qui avait sans doute un bon tempérament, vint très bien, et ne tarda pas à vouloir autre chose que le biberon. Alors arriva le tour de la bouillie.

Mais comme M. Hippolyte n'avait pas un bon caractère, comme en grandissant il ne criait pas moins, Euphémie pour ne pas avoir ses crises nerveuses, allait encore se promener avec sa mère, et Théophile était souvent chargé de donner la bouillie à son garçon. Il s'en consolait, en se disant :

— J'aime assez le gratin, et je le mangerai... La bouillie ne me déplaît pas... et c'est bien heureux, car, si je ne l'aimais pas, je serais obligé de la goûter également.

Cependant, si parfois fatigué de bouillie et de gratin, Théophile se permettait une observation, s'il faisait mine de ne plus vouloir être encore bonne d'enfant, sa belle-mère lui lançait un regard indigné en s'écriant :

— Vous voudriez donc, mon gendre, que ma fille tombât malade, qu'elle eût des syncopes... Vous savez combien les cris de son fils déchirent son tendre cœur... et vous la feriez rester à votre place, près de de lui... Ah ! monsieur, vous êtes un Welche, un barbare, un Huron, un tyran domestique.

Le pauvre Théophile n'osait plus répliquer, et il reprenait sa place près du petit Hippolyte, qui devenait méchant comme un âne rouge.

Mais un jour, belle-maman s'étant mise en fureur après une domestique qui avait renversé du bouillon sur sa robe, elle cria tant qu'elle se brisa un vaisseau dans la poitrine, et au bout de quelques heures, elle mourut.

Et ce polisson de Théophile eut l'indignité de ne point la regretter.

XVI

ENVIES DE FEMME GROSSE

Lorsque madame Durmond eut cessé d'être là, Théophile se dit:

— Maintenant, cela va marcher autrement. Ma belle-mère n'étant plus sans cesse entre moi et ma femme pour soutenir l'une et gronder l'autre, je vais être le maître... Je vais ordonner à mon tour... Il est bien temps. Et ma femme fera tout ce que je voudrai, car elle m'aime beaucoup, et belle-maman ne lui soufflera plus dans l'oreille que c'est elle qui doit être la maîtresse.

Mais une cause inattendue et cependant fort naturelle arrête Théophile dans ses projets de réforme. Sa femme est de nouveau enceinte ; son mari serait très mal venu de vouloir faire le maître; c'est, au contraire, le moment où jamais de se montrer doux, complaisant, d'être aux petits soins, de satisfaire les moindres désirs de madame. Celle-ci use largement de sa position intéressante. Elle fait trotter son mari comme un commissionnaire, et très souvent inutilement, les plaisirs d'Euphémie changeant aussi vite qu'ils sont formés.

Un jour, au moment de dîner, elle déclare qu'elle a envie d'un melon, qu'elle veut absolument manger du melon, qu'elle ne se mettra pas à table sans cela. Ce désir serait facile à satisfaire si l'on était en plein été, mais c'est au mois de février, par un froid de vingt-cinq degrés que madame Tamponnet éprouve ce désir intempestif,

Théophile, présumant qu'il lui sera impossible de se procurer un melon, se permet timidement quelques observations. Mais sa femme trépigne des pieds comme un enfant, en s'écriant :

— Je veux du melon... il m'en faut pour dîner, sinon, prenez garde, monsieur, à ce qui pourrait en résulter.

Et le petit Hippolyte, qui a près de cinq ans et est déjà aussi gourmand que volontaire, tape avec sa fourchette sur la table, en disant :

— Du melon, papa... nana... nous en voulons... lon, lon... du melon... bon... bon...

Théophile prend son chapeau d'un air digne et sort, en prononçant d'un ton solennel :

— Vous en aurez s'il en existe quelque part en ce moment.

Et le pauvre mari sort désolé ; il lui prend envie de se cogner la tête contre les murailles, mais il réfléchit que cela ne lui fera pas trouver du melon ; il se met en course.

Il entre au hasard chez quelques fruitières, et murmure timidement :

— Auriez-vous des melons à vendre ?

Les unes lui rient au nez ; les autres lui répondent :

— Des melons à cette époque... des melons quand il gèle..... laissez-nous tranquille, vous en êtes un autre... ou c'est pour vous moquer de nous que vous nous demandez cela.

Théophile s'éloignait triste et confus, mais il ne jurait pas qu'on ne l'y prendrait plus. Il se disait :

— C'est pourtant bien malheureux si je ne parviens pas à satisfaire cette envie de ma femme... fichtre... si elle allait accoucher d'un melon... ce serait épouvantable... Euphémie me dirait :

— C'est votre faute, monsieur ; si vous aviez contenté mon désir, je ne vous aurais pas rendu père d'une monstruosité.

Théophile court dans les meilleurs magasins de

comestibles; point de melon... au Palais-Royal, chez *Chevet*, on lui dit :

— Si vous en voulez absolument, ce sera fort cher, mais nous pourrons vous en procurer; nous allons écrire en Italie...

— Vous allez écrire... quand pourrai-je avoir le melon alors ?

— Dans huit jours.

— Dans huit jours... mais c'est dans une heure... tout de suite qu'il me le faut.

— Alors c'est impossible.

Théophile s'éloigne désolé; il marche au hasard dans les rues en murmurant :

— Melon... melon... melon... Et les personnes qui passent près de lui le croient toqué, d'autres se figurent qu'il crie : Mourons ! mourons ! et craignent qu'il ne veuille se jeter à l'eau.

Quelqu'un lui tape sur l'épaule, en lui disant :

— Qu'as-tu donc ?... quelle figure bouleversée !... ou cours-tu comme cela ?

Théophile reconnaît son ami Badinet qui a un peu veilli, mais qui est toujours gai et bien portant ; il lui presse la main et lui raconte sa situation, l'embarras dans lequel il se trouve. Badinet commence par rire, comme c'est son habitude, et lui répond :

— Ah ! tu veux satisfaire tous les caprices, toutes les fantaisies de ta femme .. tu vois où cela mène.

— Mais, mon cher ami, songe donc à la position de mon épouse, ce n'est que pour cela que je désire contenter son envie.

— Quand une femme en a qui n'ont pas le sens commun, on l'envoie promener.

— Les melons ont le sens commun.

— Pas à cette époque-ci. Enfin, si ta femme te demandait la lune... est-ce que tu la lui donnerais ?

— Je tâcherais de trouver quelque chose... qui y ressemblât.

— Eh bien ! viens avec moi, je vais te faire avoir un melon.

— Parole d'honneur ?

— Oui, tu pourras satisfaire l'envie de ta femme.

— Ah ! Badinet, tu es mon sauveur... tu es... mon cantaloup.

— Merci.

Badinet était lié avec le régisseur d'un théâtre ; il va avec Théophile trouver son ami qui est sur la scène où il fait essayer une décoration pour un drame en six actes. Alors, six actes c'était beaucoup ; aujourd'hui que l'on fait des pièces en trente tableaux, ce serait une misère. Dans quelque temps, si nous continuons dans la même proportion, on fera pour une soirée une pièce en *cent tableaux*. Il ne faut désespérer de rien.

Badinet parle à l'oreille de son ami. Celui-ci monte

sur-le-champ au magasin des accessoires et il en revient avec un superbe melon en carton qui a souvent figuré avec succès dans plusieurs festins. Il le confie à Badinet qui le donne à Théophile en lui disant :

— Voilà ton affaire.

— Il est certain que c'est à s'y méprendre, dit l'époux d'Euphémie ; mais ceci est en carton... et quand ma femme ira pour en manger, elle s'apercevra que je l'ai trompée.

— Ne m'as-tu pas dit toi-même que ta femme changait de désirs presque aussi vite qu'elle les avait formés ; que souvent elle t'envoyait chercher quelque chose... et que lorsque tu revenais avec ce qu'elle avait désiré, son envie étant passée, elle repoussait avec dégoût ce que tu lui apportais en te disant :

— Je ne veux pas de cela... ôtez cela... remportez cela ?

— C'est vrai ; cela est arrivé assez souvent.

— Eh bien ! il en sera ainsi avec le melon... elle le verra et ne voudra plus y toucher... et tu le rapporteras demain à mon ami le régisseur, parce qu'on te prête ce cantaloup, mais à condition que tu ne l'abîmeras pas.

Théophile se décide à tenter l'aventure ; d'ailleurs il n'avait pas le choix des moyens ; il emporte le précieux accessoire, qu'il enveloppe de papier comme un véritable melon : il revient chez lui tout en nage, et pose avec précaution ce qu'il tient sur un plat, en disant à sa femme :

— Tenez, Euphémie, voici un melon... mais vous ne pouvez pas deviner toutes les peines que j'ai eues pour me le procurer.

Madame Tamponnet regarde le faux melon ; son mari frémit, il tremble qu'il ne lui prenne envie de le flairer ; il regrette beaucoup de n'avoir pas saupoudré l'accessoire de choses désagréables à l'odorat, ce qui aurait pu ôter à sa femme le désir d'y goûter ; mais bientôt sa frayeur se dissipe ; Euphémie détourne la tête et fait un mouvement avec la main, en disant :

— Otez cela... emportez ce melon, je vous en prie... que je ne le voie pas... ah ! cela me fait lever le cœur...

— Comme tu voudras, chère amie ; oh ! du moment que ton envie est passée, il ne faut point te forcer, cela te ferait du mal.

Et Théophile s'empare vivement de l'accessoire ; mais monsieur son fils se met à pousser de grands cris en disant :

Je veux du melon... moi... j'en veux, na, papa... du melon.

— Par exemple ! s'écrie Théophile, un melon qui m'a coûté soixante francs, et qu'on reprendra à dix francs de perte... Tu vas voir que je l'entamerai pour toi, gourmand, jamais ! tu auras une pomme, ce sera bien meilleur.

Le succès du melon en carton avait encouragé Théophile : pendant quelque temps sa femme n'ayant que des envies faciles à satisfaire et peu dispendieuses, il les a contentées ; mais un jour, elle lui dit tout à coup qu'elle veut à son dîner avoir un pâté de foie gras.

— Je t'en achèterai une belle tranche, dit Théophile.

— Non, monsieur, ce n'est pas une tranche que je veux... c'est un pâté tout entier... et un superbe pâté, entendez-vous... car il me semble que je le mangerai à moi seule.

Notre mari réfléchit sur cette nouvelle envie de sa femme. Il se dit :

— Un beau pâté de foie gras, cela me coûtera au moins trente francs. Si je l'aimais je pourrais bien l'acheter : mais je ne peux pas en manger, ça me fait mal. Euphémie n'en voudra plus aussitôt qu'elle le verra... par conséquent, je serais bien sot d'aller faire cette dépense pour la bonne et le petit qui aimera mieux de la galette. Allons trouver ce monsieur aux accessoires qui est si complaisant ; certainement il doit avoir un pâté, ce sont de ces choses que l'on sert presque toujours dans les repas sur le théâtre... il ne refusera pas de m'en prêter un pour aujourd'hui.

En effet, Théophile trouve un fort beau pâté en carton au magasin d'accessoires, il le rapporte sous son bras, recommence les même cérémonies qu'avec le soi-disant melon, le pose lui-même sur un plat et sur la table, et dit à sa femme :

— Voilà le pâté de foie gras que tu as désiré.

Euphémie regarde le décor qui est sur un plat, et sourit en répondant à son mari :

— Ah! merci, mon ami... il est superbe, ce pâté et il a bien bonne mine.

Théophile devient vert ; il comprend que sa femme voudra manger du pâté. Pour l'achever, monsieur son fils, qui est déjà à table, commence sa chanson :

— Ah! nous allons manger du pâté... du pâpâ... du tété... c'est papa qui l'a apporté... oh! qu'il est beau, qu'il est beau!... pas papa, le pâté...

On se met à table. Théophile est bien mal à son aise ; il sert à sa femme une énorme assiettée de potage. Elle n'a pas fini qu'il lui en sert encore ; il voudrait la bourrer de potage, afin qu'elle n'eût plus faim pour autre chose, mais Euphémie l'arrête en lui disant :

— J'ai bien assez de potage, mon ami, ne m'en servez plus...

Tu as tort, ma bellotte, ce potage est excellent, et dans ta position c'est ce qu'on peut manger de meilleur ; c'est même ordonné par les médecins.

— Je vous dis que je n'en veux plus...

— Alors mange donc des radis, du beurre, des anchois. C'est cela qui est encore très bon pour une femme dans ta position... Oh ! les anchois surtout...

— Je n'ai pas entendu dire cela. Au reste, je ne veux pas manger de tout cela, je me réserve pour le pâté.

— Oh ! oui maman, j'en veux aussi, moi... du pâpâ... du tété... Papa, donne-moi de la croûte.

Théophile pâlit ; il boit un grand verre d'eau et murmure :

— C'est bien dangereux dans ta position, le pâté de foie gras... Vois-tu, Euphémie, je l'ai acheté, celui-là, parce que je ne voulais pas... te contrarier; mais si tu étais raisonnable, tu n'en mangerais pas... C'est horriblement lourd ! cela peut amener des accidents fâcheux... Cela te donnera le mal de mer...

— Laissez-moi donc tranquille, monsieur ; dans ma position, au contraire, une femme peut manger de tout ce qui lui fait plaisir, sans craindre d'être malade...

— Oh ! comme c'est faux... Ne te fie pas à cela.. Ainsi on m'a conté qu'une dame enceinte avait voulu manger de la chandelle avec les mèches, elle a manqué de périr.

— Eh ! monsieur... est-ce que j'ai de ces envies-là,

moi?... Je ne désire que de bonnes choses! Allons, entamez ce pâté et donnez-m'en.

Théophile voudrait pouvoir se rouler dans sa serviette... Il jette son couteau par terre, il se baisse pour le ramasser, il reste à chercher sous la table. Sa femme impatientée, se décide à se servir elle-même. Elle approche d'elle le plat qui contient le pâté de carton, et, avec un couteau, se met en devoir de lever la croûte de dessus.

Elle est fort étonnée de voir que cette croûte ne tient pas et se détache toute seule; elle avance la tête, regarde dans l'intérieur du pâté et y trouve deux pelotes de ficelle et trois gobelets en étain qui avaient été serrés là par un garçon de théâtre.

Euphémie pousse un cri:

— Qu'est-ce que cela, grand Dieu!... de la ficelle... des gobelets... c'est un pâté de carton... Quelle horreur!

Théophile s'obstinait à rester sous la table, comme pour chercher son couteau; mais sa femme le tire par son habit, il est obligé de se lever et d'avouer sa ruse: il tâche de faire passer la chose comme une plaisanterie. Mais Euphémie est en colère, elle prétend que c'est fort mal de se moquer d'une femme dans sa position. Et pendant ce temps, M. Hippolyte manque de s'étrangler, parce qu'il a essayé d'avaler de la croûte de dessus. Enfin, l'infortuné mari court acheter un pâté véritable, et lorsqu'il l'apporte, madame ne veut plus même le voir. En revanche, le petit garçon se donne une indigestion.

Tous ces évènements n'empêchent point madame Tamponnet de mettre au monde une petite fille qui serait assez gentille si elle avait un nez, mais celui qu'elle possède est tellement exigu, qu'on se demande en la regardant si jamais elle pourra se moucher.

Alors Euphémie dit en gémissant à son mari :

— Voyez-vous, monsieur, notre fille n'est pas complète... Elle n'a, pour ainsi dire, pas de nez... C'est votre faute : c'est parce que vous n'avez pas contenté toutes mes envies.

— Ah ! par exemple, chère amie, je ne mérite pas ce reproche. Est-ce que jamais tu m'as demandé des nez? Est-ce que tu voulais en manger? Je ne le suppose pas ! Mais au reste, tranquillise-toi, celui de de mademoiselle Amanda, notre fille, grandira, il se formera. Et d'ailleurs, les femmes ont toujours assez de nez.

Cette fois, comme belle-maman n'était plus là pour ordonner le biberon, Euphémie consent à ce que sa fille soit mise en nourrice.

XVII

UNE FEMME JALOUSE

Madame Tamponnet ayant cessé d'être dans une position intéressante, Théophile se disait de nouveau :

— Maintenant je vais être le maître chez moi, et ma femme ne me fera plus courir lui chercher des melons au mois de février... Qu'elle ait des envies tant qu'elle voudra, cela ne m'inquiète plus ; j'ose espérer, d'ailleurs, qu'elle n'aura plus d'autre désir que celui de me plaire. Je crois que l'on chante ça dans un opéra :

Je n'ai plus qu'un désir, c'est celui de te plaire.

Je ne sais plus le nom de l'opéra, mais cela ne fait rien.

Nous avons garçon et fille, c'est suffisant ; je m'en

tiendrai là. Nous avons assez de fortune pour vivre convenablement ; il me semble que voilà le moment d'être heureux ou jamais.

Mais, c'est assez ordinairement lorsque nous croyons tenir le moment d'être heureux qu'il nous échappe, et jusqu'alors ce pauvre Théophile avait couru après sans pouvoir le saisir.

A un dîner que donnaient les époux Tamponnet, pour les relevailles de madame, et auquel on avait convié une quinzaine de personnes, parmi lesquelles figuraient Badinet et sa femme, Théophile se trouvait placé à table à côté de madame Badinet. Celle-ci était aimable et riait facilement ; l'amphitryon, qui était tout joyeux de voir sa femme accouchée et sa fille en nourrice, fut plus aimable que de coutume; il eut même quelques mots heureux dans la conversation ; on les remarqua, parce que cela ne lui était pas habituel, et, plus d'une fois madame Badinet s'écria :

— Ah ! monsieur Tamponnet... avez-vous fini ?... Voulez-vous donc me faire mourir de rire ? Ah ! vous êtes terrible aujourd'hui !... Ah ! madame Tamponet, dites donc à votre mari de finir... Si vous saviez tout ce qu'il me dit...

Madame Tamponnet fronça les sourcils, sourit avec amertume, lança un coup d'œil furibond à son mari, et répondit ;

— Je me doute bien de ce qu'il peut vous dire,

madame, et il me semble que cela ne vous déplaît pas...

Cette réponse passa sans être remarquée, au milieu des éclats de rire, des causeries, du choc des verres et du bruit des fourchettes.

Mais, dans la soirée, madame Tamponnet fut d'une humeur de dogue, et sa mine répondit à son humeur. On lui demanda ce qu'elle avait, elle se plaignit d'une migraine, d'un violent mal de tête, et ne cessait de répéter :

— C'est du repos qu'il me faut, le repos seul me fera du bien.

Quand une maîtresse de maison dit à ses convives : « J'ai bien besoin de dormir, » c'est absolument comme si elle leur disait : « Vous m'excédez, vous m'ennuyez, allez vous coucher. » La société savait trop bien vivre pour ne point comprendre cela.

A onze heures, il n'y avait plus personne chez Théophile qui, tout en regrettant que l'on soit parti sitôt, se dispose aussi à se coucher, lorsque sa femme vient se poser devant lui en *Médée* ou en *Hermione*, et lui dit :

— Vous devez être content de votre soirée, monsieur ?

— Mais oui, ma biche, assez content... Je croyais seulement qu'on resterait plus tard... mais tu as tant dit que tu avais mal à la tête...

— Oh ! ce n'est pas seulement à la tête que j'ai mal... monstre !... homme indigne !... Osez-vous bien me regarder encore en face ?...

Théophile s'arrête au moment de faire une rosette au foulard qu'il met sur sa tête pour se coucher. Il regarde sa femme, il tombe des nues et balbutie :

— Qu'est-ce que tu me dis donc là ? Euphémie, je ne comprends pas... est-ce que c'est un rôle de drame que tu apprends ?

— Oh ! n'ayez pas l'air de faire l'innocent, monsieur, je vous connais à présent, je sais ce que vous valez... et cette femme !... sous mes yeux ! permettre qu'on lui fasse la cour d'une facon aussi évidente... quelle effronterie ! mais j'espère bien qu'elle ne remettra jamais les pieds chez moi, cette femme... vous l'entendez, monsieur, je ne veux plus la recevoir !...

— Ah çà ! mais de quelle femme parles-tu ? car le diable m'emporte si je sais ce que tout cela signifie...

— Ne faites donc pas semblant de ne point comprendre ! Vous savez très bien que c'est de madame Badinet qu'il s'agit... de madame Badinet avec laquelle vous vous êtes comporté à table d'une manière indécente.

— Moi ?...

— A qui parliez vous constamment dans l'oreille...

en riant, en faisant des mines, des yeux... que je ne vous ai jamais vus.

— Moi !

— Vous n'aviez des attentions, des petits soins que pour elle, c'était révoltant... et je ne parle que de ce qui sautait au yeux de tout le monde. Si j'avais pu regarder sous la table... Dieu sait ce que j'aurais vu...

— Par exemple, je n'en reviens pas ; je suis encore à me demander ce que j'ai fait avec madame Badinet, pour que tu me fasses une scène semblable...

— Vous l'aimez donc bien, cette femme?

— Ah! c'est trop fort!...

— Comment, monsieur, vous osez nier que vous soyez amoureux de madame Badinet?...

— Moi ! amoureux de madame Badinet... de la femme de mon ami...

— Voilà une considération qui ne retient guère les hommes, au contraire, c'est presque toujours à la femme de leur ami qu'ils s'adressent de préférence. Que M. Badinet ne s'aperçoive pas de cela, c'est possible, il y a des maris si aveugles ; mais, moi, je l'ai vu, et cela suffit.

— Tu as vu tout de travers, je n'ai jamais pensé à madame Badinet, je ne lui ai jamais dit un mot plus haut que l'autre.

— Vous ne lui en direz plus du tout, chez moi du

moins... et si j'apprends que vous alliez chez elle... tremblez!

Théophile, tout surpris de cette accès de jalousie de sa femme, ne s'en inquiète pas d'abord beaucoup; peut-être même son amour-propre est-il en secret flatté d'inspirer ce sentiment, et il se couche en se disant:

— C'est un orage; cela n'a pas le sens commun... cela se passera. Ma femme m'aime encore plus que je ne croyais.

Mais Théophile ne connaissait pas les femmes: lorsqu'une fois la jalousie vient se fourrer dans leur tête, il n'y a plus moyen de l'en faire déloger, et plus elles prennent de l'âge, plus ce malheureux défaut fait chez elle des progrès.

Une jeune femme n'est pas toujours jalouse, surtout quand elle est jolie; elle sait bien qu'elle peut encore plaire, et son amour-propre même est là pour dissiper ses craintes; mais une femme, qui cesse d'être jolie et commence à prendre des années, devient, lorsqu'elle s'en mêle, d'une jalousie féroce. Malheureusement ses couches avaient enlaidi madame Tamponnet, qui avait dépassé la trentaine et la jalousie vint détruire le peu de charme qui lui restait.

Voyez pourtant à quoi tiennent les choses! les sentiments!... Jusqu'au jour de ce malencontreux dîner,

Euphémie n'avait fait que fort peu attention à son mari, mais madame Badinet, en s'écriant qu'il était très aimable, avait donné à Théophile une valeur que jusqu'alors sa femme n'avait pas appréciée ; elle se figure qu'on veut lui enlever son mari, aussitôt elle s'y attache, elle s'y cramponne...

Dès ce moment, Tamponnet est épié, surveillé, guetté, espionné sans cesse. Tout ce qu'il fait, les actions les plus innocentes, donnent lieu aux soupçons de sa femme. La jalousie voit du mal dans tout.

Si Théophile sort, on lui demande où il va ; s'il fait de la toilette, on ne manque pas de s'écrier :

— On voit bien que vous aller voir votre belle... ce n'est pas pour rester près de moi que vous feriez tant de frais.

S'il sort en négligé, on lui dit :

— Vous allez chez des personnes avec lesquelles vous ne vous gênez pas... cela se voit... vous êtes probablement là comme chez vous...

S'il rentre un peu plus tard qu'il ne l'a annoncé, on s'écrie :

— Vous vous amusez beaucoup où vous allez ? à ce qu'il paraît, vous y oubliez votre maison, votre femme et vos enfants, quelle conduite, monsieur, quelle conduite !...

Quand Théophile voulait rendre compte de l'emploi de son temps, sa femme lui coupait la parole en lui disant :

— Taisez-vous, monsieur, vous allez encore me faire des mensonges comme à votre ordinaire... c'est inutile, monsieur, ne vous donnez pas cette peine.

Si on allait en soirée, madame Tamponnet ne perdait pas son mari des yeux, et lorsqu'elle le voyait causer avec une jeune femme, elle se glissait derrière lui, et lui pinçait le bras à y laisser la marque. Le pauvre mari se laissait pincer, il ne savait pas se plaindre, mais il se disait tout bas :

— Quel tourment qu'une femme jalouse !... c'est affreux !... plus de plaisir possible... plus de repos... je ne sais comment me tenir en société... je n'ose plus parler à une dame... si je me tiens dans un coin sans rien dire, Euphémie me fait une scène en me disant que je pense sans doute à mes amours... Si je ris, si je suis gai, elle me dit :

— Vous êtes de bien belle humeur ce soir... c'est qu'il y a ici une personne avec qui vous avez des intrigues.

Sapristi ! cela devient considérablement monotone... ma femme m'aime trop, elle pousse ce sentiment trop loin, cela devient de la frénésie... Je commence à en avoir peur... je l'aimais beaucoup autrefois, et maintenant je ne suis tranquille que lorsque je suis loin d'elle... Comme c'est bête d'être jaloux... au lieu de conserver l'amour des gens, on arrive à se faire détester.

Madame Tamponnet entrait brusquement et comme une bombe dans le cabinet de son mari, lorsqu'elle savait qu'il n'était pas sorti. Quelquefois son apparition était si imprévue, elle avait ouvert la porte avec tant de précaution, que Théophile, tout étonné en voyant sa femme derrière lui quand il se croyait seul, poussait un cri de surprise et même de frayeur.

Alors Euphémie s'écriait :

— Comme ma présence vous trouble !... vous étiez donc bien occupé, monsieur... vous êtes donc bien contrarié d'être dérangé...

— Moi... ma foi, cela m'a saisi de te voir tout à coup sur mon dos... cela m'a réveillé, car je crois que je dormais.

— Vous mentez, monsieur, vous ne dormiez pas... Vous avez de l'encre à vos doigts... vous avez écrit...

— Ah çà, mais tu me joues le Bartholo du *Barbier de Séville*...

— Il ne s'agit pas du *Barbier de Séville*, monsieur. A qui écriviez-vous?... à une de vos maîtresses, sans doute...

— Est-ce que j'ai des maîtresses ! Tu rêves !...

— Alors, qu'avez-vous écrit? Montrez-le-moi... je veux le voir...

— Mon Dieu ! j'écrivais une ancienne chanson...

qui est très jolie... pour me la rappeler un de ces soirs...

— Une chanson... où est-elle?...

— Par distraction, j'ai allumé un cigare avec.

— Oh! quel tissu de fourberies!... Ce n'était pas une chanson que vous écriviez... D'abord, vous n'avez pas de voix, vous ne chantez jamais... Ah! si je découvrais votre correspondance!...

Et Euphémie fouille dans le secrétaire, ouvre les tiroirs, cherche, furette dans tout, bouleverse les papiers, jette de côté plumes, canif, cire, pains à cacheter, et, après avoir tout mis en désordre, sort du cabinet en s'écriant:

— Vous avez des cachettes que je n'ai pu encore trouver... mais un de ces jours je ferai tout démolir dans ce cabinet.

— C'est gentil! cela promet! se dit le pauvre mari quand sa femme est partie.

Et, dans son ennui, il prend sa canne et son chapeau et sort de sa maison, où il n'y a plus de paix pour lui. Cependant, il n'osait plus aller voir son ami Badinet, car il tremblait que sa femme ne vînt à le savoir, et il s'est aperçu plus d'une fois qu'elle le suivait dans la rue. Mais un jour il se trouve nez à nez avec son ancien ami, qui l'arrête en lui disant:

— Parbleu! je te rencontre enfin... Il faut donc maintenant pour te voir te guetter dans la rue? Tu es aimable ! Voyons, Théophile, qu'est-ce que cela signifie, pourquoi ne viens-tu plus nous voir ?...... Nous avons été plusieurs fois chez vous, ma femme et moi, et toujours on nous a dit : « Il n'y sont pas ; ils sont sortis. » Enfin, la dernière fois, ta domestique nous a fermé la porte sur le nez en nous criant : « Madame n'est pas visible !... » Elle n'est pas polie, ta domestique.

— C'est ma femme qui la style à cela.

— Nous nous sommes dit : En voilà assez... s'ils veulent nous revoir, il viendront ; car enfin nous vous avons toujours reçus de notre mieux... Que signifie ce changement ? Ça ne peut pas venir de toi !...

— Oh ! non... je t'en réponds.

— Alors, qu'avons-nous fait à ta femme ?...

— Quand je te le dirai, tu ne voudras pas le croire... je gage même que cela te fera rire... Euphémie est jalouse de madame Badinet ; elle prétend que je suis amoureux de ta femme...

Badinet rit en effet à se tenir les côtes.

Mais Théophile reprend :

— Tu trouves cela drôle... je t'assure que ce n'est pas gai pour moi... Euphémie m'a défendu d'aller chez vous...

— Et tu lui obéis, nigaud que tu es !

— Que veux-tu... elle serait capable de me poignarder, si elle me voyait sortir de chez toi...

— Essaye, et je te parie qu'il ne t'arrivera rien...

— Je n'ose pas essayer... Ah! mon ami, quel horrible tourment qu'une femme jalouse!

— Mais être jalouse de ma femme!...

— Oh! maintenant, elle l'est de tout le monde. Je ne puis pas approcher d'une robe, d'une jupe, sans qu'elle change de couleur... pas la jupe de ma femme.

— *Tu l'as voulu, Georges...*

— Oui, oui, je savais bien que tu allais me dire cela. Mais parce qu'une femme est nerveuse, ce n'est pas toujours une raison pour que ce soit un tyran femelle.

— Cependant nous ne sommes plus des jeunes gens, mon ami, nous avons passé la cinquantaine tous les deux...

— Je le sais bien : c'est ce que je répète souvent à Euphémie.

— Et tes enfants vont-ils bien?

— Ils vont... ils poussent : mon fils, M. Hippolyte, qui a près de treize ans, continue à ne vouloir rien faire, mais il a les plus belles dispositions... il s'agit seulement qu'il veuille les employer. Quant à ma fille Amanda, elle aura un nez, mon cher, il lui en vient un ; je crois qu'il sera toujours fort petit ; mais enfin, pour une personne seule... Ah! mon Dieu... ce chapeau que j'aperçois là-bas... comme il ressemble à celui de ma femme... Adieu, mon ami... adieu, je me sauve.

Et Théophile s'éloigne en courant, laissant son ami Badinet qui hausse les épaules, et rentre chez lui conter à sa femme ce qu'il vient d'apprendre.

Un soir que madame Tamponnet avait été un peu plus calme que de coutume, et que la journée s'était passée sans qu'il y eût eu de scène entre les époux, ce qui devenait rare dans leur ménage, Théophile propose à sa femme d'aller voir une pièce nouvelle que l'on donne au théâtre du Palais-Royal. Euphémie veut bien aller au spectacle, mais elle penche pour la Comédie-Française. Théophile insiste pour le Palais-Royal, en disant :

— Ma chère amie, je serais bien aise de rire, moi, c'est si bon, c'est si sain de rire. Aux Français on joue parfaitement, j'en conviens, mais les pièces ne valent pas toujours le talent des acteurs : au Palais-Royal, quelle différence ! les acteurs sont eux-mêmes la pièce : *Grassot*, *Sainville*, *Ravel!*... .. voilà des acteurs... ou plutôt des auteurs !

Euphémie cède en disant :

— Vous voyez, monsieur, que je fais toutes vos volontés.

Les époux se rendent au spectacle ; ils se placent dans une loge ; il y a peine dix minutes qu'ils y sont lorsque, dans une loge, positivement en face d'eux, viennent se placer M. et madame Badinet.

Lorsque Théophile aperçoit en face de lui son ami et sa femme, il pâlit, il tremble, il n'ose plus lever les yeux, car il prévoit que cela va lui faire avoir une scène.

Euphémie, qui n'a pas encore aperçu les personnes qui sont en face, dit à son mari :

— Qu'avez-vous donc, monsieur?... vous semblez mal à votre aise... On dirait que vous n'osez plus vous tourner... que vous êtes devenu en bois.

— Moi... j'ai... je ne sais pas ce que j'ai... c'est-à-dire... je crois que c'est mon dîner qui...

En ce moment Euphémie aperçoit le couple Badinet qui souriait en regardant Théophile ; à son tour elle pâlit, elle crispe ses doigts et s'écrie :

— Ah ! je vois maintenant ce que vous avez, infâme... monstre... elle est là... elle est devant nous, cette femme... Je ne m'étonne plus si monsieur a voulu venir absolument à ce théâtre ; lui qui ordinairement va où je veux... C'était un rendez-vous concerté entre eux...

— Je t'assure, Euphémie, que j'ignorais totalement... Et si je l'avais su, je ne serais pas...

— Taisez-vous, je ne suis pas une imbécile, moi... Ah ! vous vous entendez avec elle... Vous venez ici pour la voir... sous le nez de son jobard de mari...

Mais je vous défends de la regarder... je vous le défends, entendez-vous?

Théophile reste immobile et n'ose plus détourner ses regards fixés sur le théâtre; mais, tout à coup, un enfant ayant poussé un cri aux secondes, Théophile regarde involontairement par là. Aussitôt sa femme lui applique un soufflet en lui disant:

— Ah! traître! tu l'as regardée?

Le pauvre mari en a bien assez, il quitte la loge et renonce au spectacle.

A dater de cette soirée, sa femme ne veut plus qu'il mette le pied dans un théâtre,

Un soir Théophile est sorti après le dîner pour aller acheter des livres élémentaires pour sa fille. Sa femme a froncé le sourcil en le voyant prendre son chapeau, mais elle n'a rien dit.

Après avoir fait ses achats, Théophile éprouve le besoin d'entrer un moment dans une de ces maisons à cabinets inodores, si parfaitement tenus dans la capitale. Lorsqu'il quitte cette maison, et au moment où il met le pied dans la rue, une femme l'arrête en le saisissant au collet.

C'est Euphémie, qui lui dit d'une voix stridente:

— Ah! perfide!... tu en viens... tu en sors... cette fois, je t'y prends... tu ne peux plus le nier... Tu ne m'attendais pas là...

— Ma foi non... Eh bien, après, quel mal y a-t-il à aller... là?...

— Traître!... c'est de chez ta maîtresse que tu viens, et tu as le front de t'en vanter...

— Je viens de chez ma maîtresse...

— Oui, et je vais la poignarder... Oh! je la trouverai cette femme... Je veux savoir ce qu'on fait là dedans.

Et Euphémie pénètre dans l'intérieur de l'établissement, tandis que Théophile s'éloigne en se disant:

— Je voudrais bien savoir ce qu'elle va poignarder dans l'endroit où elle est entrée. Elle n'a donc pas remarqué la lanterne qui est devant la porte et ce qui est écrit dessus... C'est pourtant bien visible... Mais décidément la jalousie touche à la folie. C'est une vilaine infirmité.

Quelques années plus tard, une fluxion de poitrine emportait madame Euphémie Tamponnet, et Théophile restait veuf, ayant un garçon de dix-sept ans et une fille de treize ans qui commençait à avoir un nez.

XVIII

UN PÈRE ET SES ENFANTS

Lorsque Théophile se voit veuf, il recommence à lever la tête, à se tenir plus droit, à jouer avec sa canne en se promenant, et il se dit de nouveau :

— Pour cette fois, me voilà donc mon maître, libre de ne plus faire que mes volontés : d'aller, de venir comme bon me semblera, sans avoir peur qu'en rentrant chez moi on ne me fasse une scène... Ah ! que c'est bon, tout cela... quel plaisir d'être libre !... cette position après laquelle je cours toujours, et que je n'avais pas encore attrapée, je la tiens cette fois... je suis veuf... J'ai deux enfants; mais mon fils est presque un homme... je lui trouverai une bonne place... ma fille grandira, son nez commence à être suffisant, je la marierai... oh ! je la marierai de bonne heure... Tout cela ira comme sur des roulettes.

Mais le jeune Hippolyte Tamponnet, qui avait toujours été gâté ou grondé mal à propos, qui avait vu son père et sa mère presque sans cesse en désaccord à son sujet, avait pris l'habitude de n'écouter personne et de n'obéir ni à l'un ni à l'autre ; car lorsque son père lui défendait quelque chose, c'était une raison pour que sa mère le lui permît ; quand celle-ci refusait à son fils ce qu'il lui demandait, son père le lui accordait en secret.

Triste exemple pour les enfants, que celui des parents qui ne vivent point en bonne harmonie. M. Hippolyte Tamponnet n'était pas positivement un mauvais sujet, mais cela y ressemblait beaucoup. Il savait un peu de tout, mais si peu, que c'était comme s'il ne savait rien ; en revanche, il ne songeait qu'au plaisir, et commençait déjà à lorgner les femmes avec l'aplomb d'un tambour-major.

Quant à mademoiselle Amanda, âgée alors de treize ans et quelques mois, c'était un tout autre caractère. Elle avait appris de sa mère à se tenir bien droite, à avoir un maintien réservé et à ne point rire à tout propos. Elle étudiait assez facilement, et comme elle avait déjà beaucoup de prétention à l'esprit et au savoir, elle s'appliquait à s'instruire, et se mêlait de bonne heure à la conversation ; enfin à treize ans, c'était déjà une petite raisonneuse, qui parlait d'un ton décidé et donnait son opinion sur tout, comme aurait pu le faire une femme de quarante ans.

Plus d'une fois, Théophile, qui ouvrait de grands yeux en écoutant sa fille, s'était dit :

— Je crois que j'ai donné le jour à une petite fille qui deviendra une femme remarquable... c'est déjà un puits de science, d'érudition... elle sait une foule de choses que je n'ai jamais pu me fourrer dans la tête... et quel aplomb dans la conversation... quand elle cause on croirait entendre un vieillard... Ce sera une *Staël*, ou tout au moins une *Sévigné*... si ce n'est pas mieux... Quant à Hippolyte, il est un peu écervelé, un peu joueur, mais c'est de son âge... Je l'aurais bien été, moi, si j'avais pu...

Peu de temps après la mort de sa femme, Théophile commence à consulter sa fille sur une foule de petits détails de ménage; puis il cause avec elle d'affaires d'intérêt, et toujours émerveillé de la puissance de ses raisonnements, il en vient bientôt à ne plus faire la moindre chose sans avoir auparavant consulté mademoiselle Amanda.

Et comme les enfants s'aperçoivent bien vite de l'ascendant qu'ils prennent sur l'esprit de leurs parents, et qu'ils ont l'habitude d'en abuser, au bout de peu de temps, mademoiselle Amanda agit et commande comme la maîtresse de la maison ; c'est elle qui ordonne le dîner, compte avec la domestique, invite de la société... fait acheter ce dont on a besoin et règle l'emploi du temps.

Théophile est enchanté ; il s'écrie :

— Je n'ai plus besoin de me mêler de rien, c'est ma fille qui fait tout... elle tient ma maison... et faut voir comme ça marche !

Mais lorsque le papa veut sortir, sa fille lui dit :

— Je veux aller avec toi,... tu ne vas pas me laisser à la maison toute seule avec la bonne... ce ne serait pas convenable ; emmène-moi.

Et Théophile emmène sa fille en disant :

— C'est juste ; je ne dois pas la laisser seule à la maison... ce n'est pas convenable.

Si on l'invite à dîner sans inviter sa fille, Amanda lui dit :

— Qu'est-ce que c'est donc que ces gens-là?... comment ! ils t'engagent à dîner, et ne te parlent pas de moi... c'est bien malhonnête de leur part... Ils croient donc que je ne sais pas me tenir en société; je m'y conduis mieux qu'eux, peut-être !...

Quelquefois le papa, qui ne serait pas fâché de dîner en garçon, répond à sa fille :

— Ma chère amie, je t'assure que tu te méprends sur les motifs... sur les raisons... pour lesquelles on m'a invité sans toi...

— Il ne peut pas y en avoir de bonnes...

— Vois-tu, c'est un dîner de garçons...

— Qu'est-ce que cela veut dire, de garçons ?... Tu n'est pas garçon, toi, tu es veuf.

— Oui ; mais quand on dit : un dîner de garçons, cela veut dire : un dîner où il n'y aura que des hommes.

— Cela ne doit pas être gai.

— Si fait, au contraire... c'est quelquefois très gai... c'est même d'une gaîté qui fait que... tu ne peux pas bien comprendre cela... mais, vois-tu, on chante... on dit des bêtises... à l'usage des hommes... cela ne conviendrait pas aux oreilles d'un enfant.

— D'abord, je ne suis plus une enfant, je suis une demoiselle... ensuite je ne comprends pas comment mon papa, qui est un homme raisonnable, un père de famille, peut vouloir dîner avec des gens qui disent des bêtises... Si on savait cela, on dirait : M. Tamponnet a une singulière conduite... Vois-tu, je t'assure que cela n'est pas convenable pour toi d'aller à ce dîner.

Alors, Théophile se gratte le nez... se mouche... et se dit :

— Au fait, elle a raison... un dîner de garçons... à mon âge... ce ne serait pas convenable... je ferai mieux de n'y point aller.

Hippolyte ne gênait aucunement les volontés de

son père, mais il l'occupait d'une autre façon : déjà il passait des journées entières dehors, il ne revenait pas dîner, puis quelquefois il oubliait de revenir coucher ; alors, l'inquiétude de son père était au comble. Théophile courait dans tous les endroits que monsieur son fils avait l'habitude de fréquenter, c'est-à-dire qu'il lui fallait visiter les cafés, les restaurants, les spectacles, les bals plus ou moins champêtres ; et quand il ne trouvait pas Hippolyte, il revenait chez lui harassé, éreinté, dire à sa fille :

— Impossible de trouver ton frère ! il ne t'a pas communiqué ce qu'il avait le projet de faire avant-hier... s'il comptait aller à la campagne...

— Par exemple ! est-ce que mon frère me dit quelque chose?... est-ce que je lui demande quelque chose?... Beau sujet, que mon frère ! un âne... à son âge, il ne sait pas seulement sous quel roi de France les femmes ont porté des paniers...

— Ah! il ne sait pas... dame !... écoute donc... il n'est peut-être pas le seul... Mais tu le traites bien sévèrement.

— Et vous pas assez, papa ; vous lui laissez faire tout ce qu'il veut... vous voyez bien qu'il en abuse.

Théophile levait les yeux au ciel, en murmurant :

— Ah ! c'est que je n'ai jamais fait tout ce que j'ai voulu, moi... et je désire que mes enfants soient plus heureux que je ne l'ai été.

Lorsque M. Hippolyte revenait enfin au domicile paternel, son père voulait le gronder, il fronçait le sourcil, faisait une grosse voix et tapait de son talon sur le parquet, en s'écriant :

— Saperlotte ! monsieur mon fils... savez-vous bien que vous menez une conduite qui commence à me déplaire fort... Sapristi !... qu'est-ce que cela signifie, à votre âge, un blanc-bec de dix-huit ans... passer des journées dehors... courir... je ne sais où... avec des... je ne sais qui... ne point rentrer coucher... ceci passe toutes les bornes... fichtre !... et vous dépensez un argent fou... cela ne peut pas durer comme cela.

Mais Hippolyte, sans s'émouvoir, prenait son père sous le bras et lui répondait d'un air câlin :

— Je te promets, papa, qu'il n'y a pas de ma faute... je me suis trouvé à un dîner d'amis.

— On ne dîne pas toute la nuit, monsieur.

— Non, mais après le dîner... on a dansé un peu.

— Vous avez dansé entre hommes?

— Le soir, il est venu quelques dames... très comme il faut, sauter un peu avec nous.

— Des dames... comme il faut... qui viennent sauter avec des jeunes gens... c'est bien louche.

— La danse s'est prolongée jusqu'au matin... ensuite on a joué un peu.

— Ah! voilà le bouquet, jouer, perdre son argent... il ne te manquait plus que cela...

— Mais pas aux cartes... fi donc... au billard... j'y suis très fort...

— Ah! si c'est au billard... alors...

— Figure-toi qu'avec ma bille collée sous bande, j'ai un moyen infaillible de caramboler, en sautant, par un effet de queue.

— Ah bah!... tiens, tiens, tu m'apprendras ce coup-là.

Théophile aurait été heureux, lorsque chez lui il se trouvait à sa table, entre ses deux enfants, si ceux-ci avaient été d'accord entre eux ; mais bien loin de là, le frère et la sœur passaient presque tout le temps du dîner à se chamailler. Hippolyte se moquait des airs prétentieux de sa sœur; Amanda, de l'ignorance de son frère, qui, disait-elle, ne savait pas même parler sa langue.

Un jour Hippolyte dit tout en dînant :

— Je me suis bien amusé hier avec deux de mes amis : d'abord nous fûmes aux Champs-Élysées, où...

Mademoiselle Amanda interrompt son frère en s'écriant :

— D'abord on ne dit pas nous *fûmes* aux Champs-Élysées... on dit nous allâmes...

— Ah! qu'est-ce que cela fait : nous fûmes ou

nous allâmes? je vous demande un peu si ce n'est pas la même chose.

— Mais non, ce n'est pas du tout la même chose... quel âne tu fais pour ton âge... ne pas connaître la différence du verbe *être* et du verbe *aller*. C'est honteux.

— Je ne sais pas si je suis un âne, mais toi, tu as l'air d'un vieux maître d'école... une jeune fille qui fait le pédant... Tu verras comme cela te fera trouver des maris.

— C'est bon, cela ne te regarde pas... si j'en trouvais qui te ressemblassent, je n'en voudrais pas.

— Voyons, mes enfants, dit Théophile, ne vous disputez pas sans cesse... Que voulais-tu nous conter, Hippolyte... continue.

— Eh bien! donc... *nous étions allés*... Ah! c'est français, ça j'espère?

— Pas trop.

— Ne l'écoute pas, Hippolyte... va toujours.

— Nous avions été aux Champs-Élysées, nous comptions bien faire un tour au bal de Mabille, lorsque tout à coup il se mit à brouillasser... alors...

— Ah! ah! ah! voilà qui est encore joli... *brouillasser*... ah! ah! ah!

— Eh bien! oui, brouillasser... quoi... qu'est-ce que j'ai encore dit de mal?... cela veut dire qu'il pleuvait un peu... qu'il tombait une petite pluie fine... alors on dit : il brouillassait.

— Ce sont des ignorants de ta force qui disent cela ; cherche un peu *brouillasser* dans le dictionnaire, et tu verras si tu trouves ce mot-là.

— Qu'est-ce que cela me fait, qu'il soit ou ne soit pas dans le dictionnaire... du moment que ça se dit?

— Cela se dit quand on parle mal, quand on ne sait pas sa langue... n'est-ce pas, papa?

Théophile qui, lui-même, avait plus d'une fois employé le mot *brouillasser*, secoue la tête en balbutiant :

— Dame... il est... il y a comme cela des mots... certainement on ferait mieux de... et quand on a l'habitude... passez-moi donc le pain...

— Alors, mademoiselle la savante, dit Hippolyte, puisque vous prétendez qu'on ne doit pas dire il *brouillasse* quand il tombe du brouillard, comment diriez-vous lorsqu'il tombe une petite pluie très fine?

— Je dirais, il bruine, monsieur; voilà le véritable mot... regarde dans le dictionnaire.

— Ah çà! tu marches donc avec un dictionnaire dans ta poche, toi!... Quelle pédante!...

— Voyons, mes enfants, en voilà bien assez sur ce mot-là; Hippolyte, poursuis ton histoire...

— Vous voyez que le professeur Amanda m'interrompt toujours!... Je disais donc que dans les

Champs-Élysées nous avions été surpris par une petite pluie... Il... il... Non, je ne dirai jamais ce mot-là... Enfin, il ventait très fort...

— Ah ! voilà qui est beau... Je te conseille d'employer le verbe venter pour dire qu'il pleut...

— Fais-moi le plaisir de me laisser parler. Il faisait de l'orage... Ah ! sacrebleu ! tu ne vas pas reprendre ce mot-là ?

— Non, mais je trouve que tu pourrais bien ne pas jurer devant papa !... Si tu crois que c'est convenable... est-ce qu'on jure en bonne compagnie !...

— Est-ce que tu es de la compagnie, toi !...

— Et papa, tu le comptes donc pour un zéro? Papa, Hippolyte vous manque de respect !...

— Ma fille je suis au-dessus de cela... Achève donc ton histoire, Hippolyte.

— Où en étais-je?... est-ce qu'on peut parler avec cette petite peste !...

— Ah ! papa, il m'appelle peste.

— Ma fille, c'est un mot d'amitié qu'il aura voulu dire...

— J'en étais... aux Champs-Élysées avec mes deux amis, et il... ventait une petite pluie fine. Nous n'avions qu'un parapluie pour trois... Je me dis : Il faut jouer un tour à Alexandre... mais Alexandre se méfiait... et puis il se fâche pour un rien ; il est très rancuneux...

— *Rancunier*...

— Il est extrêmement rancuneux...

— *Rancunier*, imbécile! cherche donc si tu trouveras *rancuneux* dans le dictionnaire.

— Ah! tu m'ennuies, à la fin!... Ça devient trop fort! il n'y a plus moyen de parler devant mademoiselle... Va donc voir les *Précieuses ridicules*, petite sotte!

— C'est toi qui est ridicule : mais tu n'es pas précieux.

— Tu devrais bien t'occuper toute la journée à tirer ton nez pour qu'il soit présentable, cela te vaudrait mieux que de le fourrer dans les dictionnaires.

Du moment qu'on lui parlait de son nez, mademoiselle Amanda devenait furieuse, alors le père était encore obligé de s'interposer pour empêcher le frère et la sœur d'en venir à des voies de fait, et il levait la séance en quittant la table sans pouvoir prendre son dessert et son café tranquillement.

Le temps, loin d'apporter du remède aux nouveaux tourments de Théophile, ne faisait que les augmenter encore. Chaque jour, mademoiselle Amanda devenait plus revêche, plus prétentieuse; elle trouvait toujours quelques motifs pour empêcher son père de sortir lorsqu'il en avait envie, ou de rester lorsqu'il ne voulait pas sortir.

Hippolyte, au lieu de devenir sage, se livrait à

mille folies ; il se battait, jouait et faisait des dettes ; le peu de temps que Théophile avait de libre était toujours employé par l'infortuné père à courir après son fils ; à aller le délivrer chez un traiteur où on le retenait comme nantissement; à le réclamer au corps de garde lorsqu'il avait couché au violon ; enfin à aller chercher le médecin lorsqu'on lui ramenait son fils hors d'état de se tenir sur ses jambes.

Théophile se disait :

— Cela ne peut pas durer ainsi. Mes enfants ne me laissent plus un moment de repos, il faut que je prenne un parti violent. Il faut que je me montre.

Et lorsque son fils était en état de l'entendre, il lui disait :

— Hippolyte, tu as vingt et un ans; tu ne peux continuer l'existence que tu mènes... ta santé y périra et ma bourse aussi. Voyons, mon fils, il faut fairec hoix d'un état. Que veux-tu faire ?

— Tout ce que vous voudrez, mon père, ça m'est égal.

— Ah ! à la bonne heure ! c'est gentil, cela ; tu es docile. Voyons, veux-tu être avocat ?

— Je le voudrais bien ; mais je n'ai pas fait mon droit, il serait trop tard pour commencer.

— C'est juste; passons, à autre chose : as-tu envie d'être médecin ?

— Je ne serais pas fâché d'être médecin, mais je n'ai pas suivi de cours. Je ne sais pas seulement faire un cataplasme.

— En effet, tu ne pourrais pas écrire une ordonnance. Ah! veux-tu te mettre dans le commerce?... C'est séduisant, cela; on peut faire fortune.

— Mais il faut savoir calculer, et je ne possède pas la bosse du calcul.

— C'est vrai. Dans le commerce, il faut calculer. Ah! quelle idée! si tu te faisais militaire?...

— Mais il n'y a pas moyen, papa, je suis trop délicat... j'ai la poitrine trop faible. Vous savez que je tousse pour un rien; je ne pourrais pas supporter la vie de garnison.

— Diable, cela devient embarrassant... Veux-tu être artiste, alors? Les artistes sont très recherchés, très courus maintenant. Dans ma jeunesse on ne leur rendait pas la même justice. Mais aujourd'hui, on est exempt de préjugés, comme disait ce pauvre *Alcide* dans un *Bon Enfant*... une pièce qu'on jouait jadis au Palais-Royal.

— Artiste, mon cher père... ça me va beaucoup, j'adore la vie d'artiste...

— Alors, fais-toi artiste.

— Oui... mais dans quel genre? Je ne sais ni la musique, ni le dessin, ni la sculpture.

— Mets-toi au théâtre.

— Il faut avoir de la mémoire pour apprendre des rôles; je ne puis pas apprendre deux lignes par cœur.

— Ah! j'ai ton affaire, fais des pièces, fais-toi homme de lettres, tu peux arriver à l'Académie... c'est en face du pont des Arts.

— Oh! je sais bien où c'est... la question n'est pas là; mais on ne se fait pas homme de lettres comme on se ferait tailleur... il faut être né avec les moyens, avec la vocation.

— Je crois bien que tu te trompes, je connais beaucoup de gens qui se sont faits auteurs, poètes, écrivains, et qui n'ont pas de moyens du tout... ils accrochent un peu d'un côté, un peu d'un autre; ils fouillent dans les vieux bouquins; ils sont à l'affût des nouvelles, des anecdotes, des actualités. Oh! les actualités surtout, voilà leur fort. Une mode excentrique se déclare, ils courent chez un directeur demander, retenir une lecture, ils disent: J'ai fait une pièce sur ce sujet-là, ils n'ont pas écrit une ligne! mais ils courent ensuite chez de véritables auteurs leur dire: J'ai un sujet de pièce, je vous apporte un sujet de vaudeville... c'est reçu d'avance! Travaillez, je ferai les courses; et l'auteur écrit, et ils sont de la pièce, et ils finissent quelquefois par avoir la réputation d'homme d'esprit. Pourquoi n'en aurais-tu pas comme ces hommes de lettres-là?

—Merci, mon père, il y a déjà trop de ceux-là, je ne veux pas en augmenter le nombre.

— Sapristi! il me semble que tu n'es bon à rien...

— Ce n'est pas ma faute, mon père; vous voyez bien que je ferai tout ce que vous voudrez.

Théophile revoyait quelquefois son ami Badinet, qui était devenu veuf aussi. Après avoir eu cet entretien avec son fils, il va lui conter ses ennuis, en s'écriant :

— Tu as des enfants, toi, tu as deux garçons et une fille; est-ce qu'ils ne te font pas damner les trois quarts du temps? est-ce qu'ils te laissent une journée de repos?

— Mes enfants, me faire damner!... quel blasphème, répond Badinet. Mes enfants sont ma joie, mon bonheur; grâce à eux, je forme encore des projets pour l'avenir, car un père revit dans ses enfants... Tous les plans que je fais pour eux, n'est-ce pas comme si c'était pour moi?

— Est-ce que ta fille n'est pas répondeuse, orgueilleuse, impérieuse?

— Ma fille est douce, bonne, docile.

— Est-ce qu'elle te permet de sortir quand tu en a envie... d'aller dîner en garçon, quand on t'invite sans elle!

— Ah! mon vieil ami... je ne comprends rien à

tes questions. Depuis quand un père demande-t-il à ses enfants la permission de sortir... où diable as-tu vu ces choses-là?

— Mais chez moi... et tes fils ne font pas le diable... ils ne courent pas les bastringues, les cafés, les orgies, la pretentaine enfin?

— Mes fils travaillent, étudient; chacun d'eux a fait choix d'une profession, et j'espère qu'ils seront en état de parvenir, de se faire un nom.

— Ah! Badinet... tu es bien heureux en enfants!...

— Tu appelles encore cela heureux... mon pauvre vieux!... Je pourrais te dire que c'est ta faute si tu ne l'as pas été, toi.

— Laisse-moi donc tranquille... ma faute! jamais!... c'est le guignon qui me poursuit... qui m'a toujours poursuivi...

Au bout de quelque temps, Théophile, ne pouvant trouver un moment de paix chez lui, se décide à faire de grands sacrifices; en se dépouillant d'une partie de sa fortune, il achète à son fils une belle pacotille, et celui-ci, qui commence à se fatiguer des plaisirs de Paris, et n'est pas fâché d'aller en chercher à l'étranger, se décide à partir pour les Grandes Indes. Ensuite, en donnant à mademoiselle Amanda une grosse dot, Théophile parvient à lui trouver un mari, ce qui aurait été difficile autrement.

Lorsqu'il a terminé tous ces arrangements, il ne

reste plus à Théophile que trois mille francs de rente, mais il s'en contente; loin de se repentir de ce qu'il a fait, il est enchanté d'avoir assuré l'avenir de ses enfants... et de ne plus être obligé de les garder avec lui.

XIX

LES BONNES

Lorsque son fils est embarqué et sa fille mariée, Théophile se met à danser dans son appartement en s'écriant :

— Plus de femme... plus d'enfants... plus de fracas... plus de scènes... plus de tourments... enfin ! enfin !... *Tandem denique*, comme disait autrefois ce bon M. Muséum, mon précepteur... Je crois que c'est là tout ce que j'ai pu retenir du latin qu'il voulait m'apprendre et encore c'est parce qu'il s'écriait toujours : *Tandem !* quand on annonçait que le dîner était servi.

Ah ! maintenant, si je ne suis pas mon maître, je me demande qui est-ce qui le sera... Je pourrai sortir, aller, venir, me lever, me coucher à l'heure qu'il me plaira... je pourrai même déjeuner dans mon lit, quand ça me fera plaisir... et je me souviens, qu'étant enfant, c'était pour moi une très grande jouissance. Quand j'avais été bien sage, ma pauvre mère me disait : « Je te donnerai demain à déjeuner dans ton lit. » Et cela me rendait très heureux. Quel bonheur de pouvoir, à soixante ans, se procurer les mêmes plaisirs qu'à huit où neuf ans... si cela pouvait être comme cela pour tout... si on avait la faculté de recommencer sa carrière. Ma foi, si c'était pour éprouver les mêmes ennuis, les mêmes tourments qui m'ont assiégé, je ne voudrais pas recommencer la mienne, et je crois que bien des gens de mon âge en diraient autant que moi.

Mais j'y songe, pour déjeuner dans mon lit, il faudra que quelqu'un me l'apporte, mon déjeuner; car s'il fallait moi-même me lever, me le faire et me le porter, ce ne serait plus amusant du tout. Je prendrai une bonne, oui, une bonne, qui tiendra ma maison propre, qui saura faire la cuisine, qui me fera mon dîner, car cela m'ennuierait de dîner tous les jours chez le traiteur ; qui allumera du feu dans ma chambre... qui me préparera mes pantoufles... Tiens, cela me rappelle la chanson de Béranger :

> Allons, Babet, un peu de complaisance,
> Mon lait de poule et mon bonnet de nuit.

Au fait, pourquoi ne prendrais-je pas une *Babet*... une petite bonne alerte et gentille?... Eh! eh!... cette idée me sourit... Après tout, puisque je suis mon maître, je puis bien prendre une bonne à ma guise... non pas que j'aie le projet de jamais... ah! par exemple... je suis un homme trop sage pour avoir de ces pensées-là; mais enfin, je choisirai une bonne gentille, parce qu'il est plus agréable d'avoir sans cesse devant les yeux une figure jeune et riante qu'un visage laid et une physionomie renfrognée.

Voilà donc Théophile qui se met en quête d'une bonne; il s'adresse à des bureaux de placement. Bientôt les bonnes lui arrivent à la file. Une place chez un homme veuf, à son aise et sans enfants, c'est l'*Eldorado* de ces demoiselles.

Théophile choisit une jeune Lorraine, à la figure candide, à l'air doux et modeste, qui déclare n'avoir ni *cousins* ni *pays* à recevoir. Mademoiselle Madeleine (c'est le nom de la Lorraine) se présente comme arrivant de son village; elle séduit son maître par son air décent, réservé, ses yeux baissés et son parler mielleux. Elle ne sait pas trop bien faire la cuisine, elle n'est pas d'une extrême propreté et elle casse tout ce qu'elle touche; mais Théophile se dit:

— Cela se fera... elle arrive de son pays, elle n'a pas encore l'habitude de servir, il faut être indulgent et passer quelque chose à une jeune fille honnête et sage... ces qualités-là doivent faire excuser bien des défauts.

Et Théophile était tellement persuadé de l'innocence de sa bonne, que devant elle il n'aurait pas osé changer de gilet et qu'il mettait le verrou pour ôter son pantalon.

Un jour, ayant trouvé moins mauvais qu'à l'ordinaire le potage que la jolie Madeleine lui avait servi, il lui avait doucement caressé le bras en lui disant :

— C'est bien, Madeleine, vous faites des progrès... je ferai quelque chose de vous, mon enfant.

Mais en se sentant touchée au bras, la petite bonne avait fait un saut en arrière, comme si elle eût aperçu un serpent. Alors Théophile s'était empressé de la rassurer, en lui disant :

— Ne craignez rien, ma chère amie, n'ayez aucune mauvaise pensée... En vous touchant le bras, je n'ai voulu que vous témoigner ma satisfaction.

— Ah ! dame, mosieu, répond la jeune Lorraine en se dandinant c'est que je ne sommes pas habituée à ce que jamais un homme me touche tant seulement du petit bout du doigt, voyez-vous.

— Je le crois, ma chère, je le crois.

— Dans mon village, moi, je fuyais les garçons ni plus ni moins que les guêpes... Ah ! mais !... Quand j'allions à la danse, je ne dansais qu'avec les petites filles, comme ça, gnia pas de danger qu'on ait dit : Elle a un amoureux, Madeleine... c'est son amoureux qui la fait danser... comme on disait des autres... Ah ! ouiche, des amoureux !... le plus souvent.

— Je n'ai pas besoin que vous m'affirmiez cela, Madeleine, cela se voit... il ne faut que vous regarder un moment, pour être certain que vous êtes l'innocence même... oh ! c'est que je m'y connais.

— Ah ! mais oui.

— Et cette innocence-là, Dieu me garde de jamais avoir la pensée de la flétrir... vous pouvez dormir en paix sous mon toit... je ne vous caresserai plus le bras... j'ai eu tort, c'était sans intention ; mais c'est égal, j'ai eu tort.

Et Théophile est sur le point de se mettre à genoux devant sa bonne pour s'excuser de lui avoir tapoté le bras.

Mais quelques jours après cet entretien, Théophile qui aime beaucoup le spectacle et y va souvent, sort le soir et prend la clef, comme c'est son habitude en pareil cas, en disant à sa petite Lorraine :

— Madeleine, il est inutile que vous m'attendiez... le spectacle finit toujours après minuit... vous pouvez vous coucher, mon enfant.

— Si monsieur me le permet... moi, j'aime ben dormir.

— Oui, couchez-vous. Je n'ai pas besoin de vous, quand je reviens.

Au moment de prendre son billet de spectacle, Théophile aperçoit une bande sur l'affiche. L'indisposition d'un acteur est cause que l'on a substitué une pièce à une autre. Notre veuf, 'qui a déjà vu la pièce que l'on donne, s'arrête, remet son argent dans sa poche et se dit :

— Je n'ai pas envie de revoir ce que je connais... Irai-je ailleurs ?... non... j'ai vu toutes les pièces que l'on joue ce soir. Rentrons... Je dirai à Madeleine de me faire du thé... elle ne doit pas savoir ce que c'est... elle est encore ignorante sur tant de choses... je lui montrerai comment on fait le thé.

Théophile reprend le chemin de chez lui. Il arrive, monte son escalier, met la clef dans la serrure et pénètre dans la salle à manger. Il n'y trouve personne; mais, du côté de la cuisine, il entend rire, chanter, il entend même que l'on s'embrasse. Ne pouvant en croire ses oreilles, il s'approche doucement de la porte, qui est entr'ouverte... L'innocente Madeleine est assise sur les genoux d'un pompier et chante en ce moment une chanson très décolletée. Après son couplet le pompier dit :

— Il me semblait avoir entendu quelque bruit dans la salle à manger ?

La Lorraine lui répond :

— N'aie donc pas peur, mon Isidore, je n'attends que toi. Ce soir, mon vieux serin de maître est au spectacle ; il ne rentre qu'à minuit, et il croit que je me couche comme les poules... Ah ! quelle huître !

Théophile n'y tient plus ; il entre dans la cuisine. Sa présence produit un changement à vue digne de l'Opéra : le pompier reprend son casque, saute par-dessus les verres, les bouteilles, et disparaît en renversant deux chaises et une table ; mademoiselle Madeleine rajuste son bonnet et roule des yeux effarés en balbutiant :

— Monsieur... c'est un cousin... éloigné... que je ne savais pas... à Paris... et alors... il m'apprenait une chanson... pour mes dimanches...

— Assez, répond Théophile, je n'ai pas besoin de vos histoires. Faites votre paquet ; demain vous vous en irez.

— Mais, monsieur, pourtant...

— Pas de raison, faites votre paquet.

Le lendemain, mademoiselle Madeleine est mise à la porte ; mais comme Théophile est très vexé d'avoir été dupe d'une jeune fille de dix-huit ans, il est décidé à prendre, cette fois, une femme d'un âge raisonnable.

Comme cela, se dit notre veuf, elle ne recevra point d'amoureux en mon absence... Ah ! cette Madeleine !... qui aurait jamais cru... moi qui lui ai presque demandé pardon de lui avoir touché le bras... aussi, elle me traitait de vieux serin... ah! je l'étais, en effet... je croyais qu'elle fuyait les garçons comme les guêpes

Les bonnes se présentent de nouveau. Théophile refuse celles qui sont jeunes et jolies ; mais il interroge une femme qui semble avoir la cinquantaine, qui est bâtie comme un échalas et a une figure en lame de couteau.

— De quel pays êtes-vous ?

— Je suis de la Champagne, monsieur.

— Vous vous nommez ?

— Adélaïde.

— Vous savez faire la cuisine ?

— Si je sais faire la cuisine ?... Ah ! pour ça je me flatte que personne ne peut me *dégotter*... et des liqueurs, et de la pâtisserie.

— Oh ! je n'ai pas de four... je n'en demande pas tant.

— C'est égal, on aime à avoir un cordon bleu.

— Aimez-vous à sortir ?

— Jamais.

— D'où venez-vous, maintenant ?

— De *dechez* des Anglais où j'ai été un an.

— Pourquoi en êtes-vous sortie ?

— Ils sont retournés en Angleterre, ils voulaient m'emmener... oh ! ils voulaient même augmenter mes gages pour que je les suive; mais je ne voulais pas quitter mon pays...

— Et avant d'être chez ces personnes-là, où serviez-vous?

— Chez des gens très riches du faubourg Saint-Honoré, j'y suis restée trois ans... ah! que j'y étais bien.

— Et pourquoi les avez-vous quittés?

— Ils sont partis pour l'Italie.

— Quel âge avez-vous?

— Trente-huit ans.

— Trente-huit ans, se dit Théophile, c'est impossible... elle en paraît plus de cinquante... en tous cas, elle est trop laide pour craindre qu'elle ait des amoureux, même des troupiers.

— Et il arrête mademoiselle Adélaïde, qui commence par lui faire un dîner pour six personnes, quoiqu'il dîne tout seul, et lui fait payer huit francs un canard, et douze sous un bouquet de persil.

— Vous me faites de trop beaux repas, dit Théophile à sa domestique, vous me faites à manger pour quatre.

— N'ayez pas peur, monsieur, je me charge des restes, vous ne les reverrez jamais.

— Il faudrait aussi tâcher de ménager un peu ma bourse.

— Quand on achète ce qu'il y a de meilleur, ce n'est jamais trop cher.

Théophile n'osait pas gronder une bonne qui lui faisait d'excellents dîners; mais il remarquait que son vin disparaissait avec une vitesse extrême, il allait lui-même à la cave; mais un panier de quatre bouteilles ne lui faisait pas deux jours. Il est décidé à interroger mademoiselle Adélaïde.

— J'ai été à la cave hier... comment se fait-il qu'il n'y ait plus de vin de monté, Adélaïde?

— Dame!... vous l'aurez bu apparemment.

— Est-ce que je bois quatre bouteilles par jour?... je n'en bois pas une entière.

— J'ai mis du vin dans le salmis... j'en ai mis dans la matelote... j'en ai mis dans les pruneaux...

— Ah! c'est différent... si vous faites tout au vin.

Et Théophile va à la cave. Le lendemain il reste du vin dans le panier, il se dit :

— Ma remarque a profité, elle met moins de vin dans ses ragoûts.

Après son potage, Théophile veut boire comme à son ordinaire un coup de vin pur, et il fait la grimace en s'apercevant qu'il ne s'est servi que de l'abondance. On a jugé à propos de baptiser son vin, mais on y a été trop largement; c'est l'eau qui domine.

Cette fois Théophile ne dit rien; mais il rentre encore le soir sans être attendu, et trouve mademoiselle Adélaïde grise à se rouler. Le lendemain il met sa cuisinière à la porte.

XX

MADEMOISELLE MARIE

Il faut de nouveau chercher une bonne, Théophile se dit :

— Décidément je ne la prendrai plus vieille et laide; si elles ont toutes des défauts, donnons-nous au moins l'agrément d'avoir devant nous une figure agréable.

Et il arrête mademoiselle Marie, qui a vingt-six ans, qui est gentille sans être jolie, qui a une tournure assez agaçante, l'air gai, la parole vive et se présente pour tout faire.

Mademoiselle Marie, qui n'est pas sotte, ne tarde pas à s'immiscer dans les bonnes grâces de son maître; dans les premiers temps, elle le mijote, le cajole, elle est remplie de petits soins, de prévenances; et puis mademoiselle Marie n'est pas une bégueule, et ne se donne point positivement pour une rosière; elle veut bien que l'on plaisante avec elle; elle ne se fâche pas lorsqu'on lui caresse le bras; au contraire, elle n'en est que de meilleure humeur, et avec une servante si accorte et qui ne demandait qu'à rire, il était bien difficile à un maître de conserver son sérieux.

Lorsque mademoiselle Marie a complètement séduit Théophile, qui, à soixante ans, trouve très agréable de se laisser séduire, elle commence alors à établir son empire dans la maison. Elle se lève plus tard, elle ne sert le dîner qu'à l'heure qui lui convient; elle se fait mener au spectacle par son maître; elle fait prendre un frotteur, pour ne plus se fatiguer à faire les chambres; elle s'occupe beaucoup de sa toilette et infiniment moins de son ouvrage.

Quand Théophile veut manger du poulet, elle met le pot-au-feu; s'il fait une observation, elle répond :

— Le bouilli, c'est bien plus économique, monsieur, on a du bouillon pour deux jours.

— Oui, mais je n'aime pas le bœuf, moi.

— Bah! vous vous y ferez... je vous donnerai de la moutarde, si vous êtes gentil.

Lorsque Théophile désire une julienne pour son déjeuner, mademoiselle Marie lui apporte une panade.

— Je t'avais demandé une julienne, murmure le vieux veuf.

— Ah! oui, c'est vrai... mais c'est très embêtant' à faire, une julienne... éplucher un tas de légumes... ça m'abîme les mains? moi... d'ailleurs la panade est bien meilleure pour l'estomac.

Après son dîner, Théophile avait l'habitude de prendre du café et de faire du gloria. Mademoiselle Marie juge à propos de supprimer le café, et lorsque son maître en demande, elle répond avec un grand sang-froid:

— Il n'y en a pas.

— Comment, il n'y en a pas? Mais il fallait en faire. Tu sais bien que j'ai l'habitude d'en prendre tous les jours.

— Oui, mais je n'en ai pas fait, justement parce que je veux vous faire perdre cette habitude-là.

— Qu'est-ce que cela signifie, Marie? Vous savez bien que j'aime beaucoup le café.

— Oui, mais je ne veux plus que vous en preniez ; c'est mauvais pour votre santé... ça vous empêche de dormir.

— Par exemple !... Je dors comme une marmotte toute la nuit!

— Je vous dis que vous ne prendrez plus de café. C'est fini, c'est décidé. N'en parlons plus.

Théophile trouve que sa bonne est moins complaisanté qu'autrefois, mais il n'ose pas encore se plaindre. Bientôt, lorsqu'il a le projet de sortir, mademoiselle Marie, qui n'a pas ciré les souliers de son maître, lui dit :

— Vous n'avez pas besoin de sortir aujourd'hui, vous êtes sorti hier, c'est bien suffisant pour deux jours.

— Je t'assure, Marie, que cela me fera du bien de prendre l'air.

— Mettez-vous à la fenêtre.

— Ce n'est pas la même chose ; l'exercice m'est salutaire.

— Promenez-vous dans la chambre.

— Marie, il me semble que lorsque j'exprime un désir, vous devriez...

— Eh bien ! et moi, donc ? Quand je désire quelque chose, il ne faut donc pas m'être agréable ? Vous n'êtes guère gentil aujourd'hui.

— Mais, Marie, j'avais affaire à sortir...

— Quelle affaire ?... Vous n'en faites pas, d'affaires.

— J'avais une visite à rendre... à quelqu'un.

— A qui ?

— A mon ami Badinet.

— Ah ! laissez-nous donc tranquille avec votre ami Badinet !... Il ne me revient pas à moi, ce monsieur-là ; il a un air moqueur en me regardant ; on dirait qu'il ricane; et puis il ne me salue pas; il garde son chapeau sur sa tête quand il entre... Ah! fi... on voit bien que c'est du petit monde.

Théophile, pour avoir la paix, et ne pas être obligé de sortir avec des souliers crottés reste chez lui, au lieu d'aller se promener comme il en avait l'envie.

Quelques jours après, ayant la permission d'aller prendre l'air, Théophile se rend chez son ami Badinet; celui-ci lui dit :

— Ah çà! il paraît que tu t'en donnes maintenant, que tu te promènes toute la journée?

— Moi, je ne sors presque pas, au contraire. Pourquoi donc me dis-tu cela?

— Parce que je suis allé plusieurs fois chez toi sans te rencontrer.

— Tu es venu chez moi... depuis peu?

— Encore hier... Ce n'est pas vieux.

— Tu es venu me voir hier?... Je ne suis pas sorti ni dans la journée, ni le soir.

— Alors, mon vieil ami, c'est que probablement ta bonne ne veut pas pas que tu reçoives mes visites, car c'est elle qui m'a ouvert et refermé presque aussitôt la porte sur le nez, en me criant : « M. Tamponnet n'y est pas ; il ne rentrera pas de la journée. » Je t'avoue que j'ai même trouvé fort malhonnête sa manière de recevoir tes amis.

— Il serait possible!... Comment, Marie a osé... Je n'en reviens pas!...

— Dis donc, Théophile, il me semble qu'elle est bien maîtresse chez toi, ta bonne?

— Non! maîtresse, maîtresse, n'est pas le mot. Certainement, je suis le maître, je fais mes volontés, quand elle n'y met pas d'obstacle; mais comme elle a... beaucoup d'agréments... Est-ce que tu ne passes point bien des choses à ta Jeannette, toi?

— A ma domestique... Je ne fourre pas mon nez dans sa cuisine et elle y fait ce qu'elle veut. Je lui permets aussi de sortir quelquefois, d'aller danser le dimanche, si cela l'amuse.

— Oh! Marie ne va pas danser!... Fichtre! je voudrais bien voir cela!

— Quel mal y a-t-il? Il faut bien que ces jeunes filles s'amusent un peu! Mais, moyennant ces concessions, je suis bien servi, on ne raisonne jamais, et on m'obéit ponctuellement.

Théophile se tait et pousse un gros soupir; Badinet reprend :

— Mais qu'il plaise ou non à ta bonne, j'ai, jeudi, plusieurs bons amis à dîner; j'espère bien que tu seras du nombre; nous rirons, nous chanterons, nous boirons à nos souvenirs de jeunesse. Puis-je compter sur toi, vieux?

— Oh! tu peux y compter. Je viendrai, je serai

des vôtres. Je me fais d'avance une fête de ce dîner.

— A cinq heures précises.

— C'est convenu... Je ne me ferai pas attendre.

— Alors tape-moi dans la main, que j'aie ta parole.

— Très volontiers... de tout mon cœur.

Et Théophile tape dans la main de son ami. Badinet la lui serre de toutes ses forces et le quitte en lui répétant :

— A jeudi.

— A cinq heures.

— Plutôt avant qu'après.

On était au lundi, et, tout en rentrant chez lui, Théophile se dit :

— Je n'ai pas besoin de prévenir d'avance Marie que je dîne en ville jeudi : ce serait encore des histoires, des réflexions, des observations à n'en plus finir ; je lui annoncerai cela jeudi matin ; ce sera bien assez tôt ; mais alors si elle se permettait de vouloir entraver ma volonté, je l'enverrais joliment promener. Mademoiselle Marie commence à trop se mêler de ce qui ne la regarde pas. S'il le faut, j'y mettrai ordre.

— En attendant, pour ne point mettre sa bonne de mauvaise humeur, Théophile se montre d'une docilité parfaite et se laisse mener comme un enfant jusqu'au jeudi, où il compte s'en donner.

Le jour si désiré arrive ; après le déjeuner, Théophile, qui a eu soin d'acheter en secret un joli foulard pour sa bonne, le sort de sa poche et le lui présente en disant :

— Tiens, Marie, voici un foulard qui m'a semblé joli. Je l'ai acheté pour toi. Les petits présents font les grandes rivières... Non, je veux dire les petits ruisseaux entretiennent l'amitié... Non, ce n'est pas ça... N'importe... Es-tu contente?

— Oui, monsieur, je vous remercie ; il est très beau, ce foulard ; je le mettrai en fichu, en sautoir, et pour que vous soyez content aussi, aujourd'hui, pour dîner, je vous ferai des beignets... Je les aime beaucoup.

— Théophile se caresse le menton, fait semblant de tousser et murmure : — Des beignets, tu veux faire des beignets, à quoi bon?

— Comment ! à quoi bon... pour vous régaler ; je viens de vous dire que je les aimais beaucoup.

— Si tu les aimes, c'est différent, tu es bien libre d'en faire... Ah ! je me rappelle aussi... Tiens, n'est-ce pas aujourd'hui jeudi?

— Oui, monsieur.

— Je l'aurais cependant oublié, sans les beignets.

— Et qu'est-ce que cela vous fait que ce soit jeudi?

— C'est que je me souviens à présent que je dîne

en ville aujourd'hui... et ça m'était sorti de la tête.

Mademoiselle Marie fait la grimace, regarde son maître dans le blanc des yeux et s'écrie :

— Vous dînez en ville aujourd'hui... en voilà une sévère? et vous me le dites seulement ce matin.

— C'est que je n'y pensais plus... ce sont tes beignets qui m'ont fait songer au dîner... et alors.

— Et chez qui dînez-vous, s'il vous plaît ?

— Chez... chez Badinet...

— Ah ! c'est chez M. Badinet ?... J'aurais dû m'en douter...

— Badinet réunit aujourd'hui quelques anciens amis... des camarades de jeunesse... tous hommes... Oh ! il n'y aura pas de femmes. Je puis te garantir qu'il n'y aura aucune femme...

— Je m'en moque pas mal qu'il y ait ou non des femmes ! D'ailleurs vous n'irez pas à ce dîner.

— Comment ! je n'irai pas à ce dîner... et pourquoi n'irais-je pas, Marie?

— Parce que je ne le veux pas... parce que l'on n'attend pas que le jour en soit arrivé pour dire à sa bonne : Je dîne en ville... On la prévient plusieurs jours d'avance... et alors, elle voit ce qu'elle a à faire ; mais monsieur me fait des mystères, des cachotteries... et pour aller chez son Badinet... un homme que je ne puis pas souffrir... un manant, un grossier :

mais vous n'irez pas, je ne veux pas que vous y alliez... il me semble que cela doit suffire... cela me déplaît, c'est fini...

Théophile relève la tête et se met à crier à son tour :

— Et moi, je vous dis que j'irai dîner chez Badinet parce que je le lui ai promis... il a ma parole, je ne veux pas y manquer... D'ailleurs, cela me convient à moi, d'aller dîner en ville... Je n'entends pas être obligé de vous demander permission... Vous abusez de ma bonté, Marie, mais cela me lasse à la fin...

— Ah ! j'abuse de votre bonté... Ah ! cela vous lasse... C'est-à-dire que je suis trop bonne... trop complaisante pour vous... c'est votre canaille de Badinet qui vous monte la tête contre moi... mais qu'il se présente encore ici... je le recevrai, moi... je lui casserai une marmite sur le visage...

— Marie, vous dites des sottises...

— Ah ! c'est pour aller dîner en ville... pour courir la pretentaine, que monsieur a voulu m'amadouer, en me faisant cadeau d'un méchant foulard... mais je n'en veux plus, vous pouvez bien le garder, votre foulard... tenez, voilà le cas que j'en fais.

Et Marie fait une pelote du mouchoir de soie et le jette au nez de son maître, puis elle sort de la chambre en fermant la porte de façon à faire casser les carreaux.

— Quelle mauvaise tête, se dit Théophile. C'est égal, je me suis montré... elle ne s'attendait pas à me voir lui résister, ce sera une leçon pour l'avenir ; sa colère se passera, et désormais, elle ne se permettra plus de mettre un obstacle à mes volontés.

La journée se passe. Mademoiselle Marie reste dans sa chambre ou dans sa cuisine ; Théophile, de son côté, se tient dans son cabinet. Lorsque approche l'heure de son dîner, il songe à faire sa toilette, mais craignant de s'attirer encore une scène en s'adressant à sa bonne, il va lui-même chercher ses souliers, son habit, du linge blanc, enfin tout ce dont il a besoin pour s'habiller, puis il procède à sa toilette sans réclamer l'aide de personne.

Enfin, Théophile est prêt, il est cinq heures moins un quart, et il se dit :

— J'arriverai à temps. Il passe dans la salle à manger, décroche son chapeau qui était à une patère et veut lui donner un coup de brosse, mais la brosse n'est point à sa place ; il la cherche inutilement et se décide à entrer dans la cuisine pour la demander à sa bonne.

La cuisine est déserte ; Théophile jette un coup d'œil dans la chambre de Marie : il n'y a personne non plus.

— Elle est sortie par dépit, se dit Théophile, en essuyant son chapeau avec son mouchoir. Elle n'aura pas voulu me voir partir pour aller à ce dîner; ma foi, je n'en suis pas fâché, je dirai plus... j'aime mieux cela... cela évite toutes les discussions... mais hâtons-nous de partir avant qu'elle revienne.

Et Théophile court à sa porte d'entrée; il tire le pêne et la porte ne s'ouvre pas. Il s'aperçoit alors qu'on a fermé à deux tours en sortant, et s'écrie:

— Ah! bon... voilà qui est bien... elle a fermé à double tour... sans songer que j'étais ici... Heureusement, il y a deux clefs, sans cela je serais gentil, moi... je serais prisonnier chez moi... courons prendre l'autre clef...

Et Théophile court chercher dans un tiroir du buffet, où est toujours la seconde clef, mais il y cherche en vain, on l'a emportée. Alors, l'infortuné convive de Badinet devine toute la vérité; il se laisse aller sur une chaise en s'écriant:

— Elle a pris l'autre clef... et elle m'a enfermé... enfermé exprès! pour que je ne puisse pas sortir... pour que je n'aille pas dîner chez Badinet... Oh! ceci est trop fort... c'est indigne... c'est épouvantable... Ayez donc des bontés pour vos bonnes... voilà ce qu'elles vous réservent...

Pendant quelque temps, Théophile espère encore que Marie n'a voulu que lui faire une niche, qu'elle va venir le déprisonner. Mais cinq heures sonnent, puis six, puis sept, Alors Théophile ôte son bel habit et se décide à dîner avec du bœuf et des confitures, en songeant à Badinet et ses amis qui se régalent sans lui.

Mais cette fois, mademoiselle Marie avait dépassé le but au lieu de l'atteindre. Le lendemain de cette journée, Théophile se lève de bonne heure, s'habille et sort en disant à sa bonne d'un ton qu'elle ne lui avait jamais connu :

— Votre argent est sur la table ; faites votre paquet et allez-vous-en bien vite, que je ne vous retrouve plus à mon retour, ou j'envoie chercher le commissaire pour vous faire déguerpir.

Mademoiselle Marie veut essayer de répliquer, mais cette fois son maître lui ferme la porte sur le nez et sort sans l'écouter.

XXI

LE PLUS CRUEL DES TYRANS

Lorsque Théophile rentre chez lui et qu'il n'y trouve plus de bonne, il lui semble avoir un poids énorme de moins sur la poitrine ; il s'étend dans un fauteuil, il parcourt des yeux son appartement, il arrête avec bonheur ses regards sur ses meubles ; on croirait que c'est la première fois qu'il se sent maître de faire chez lui ce qu'il veut. Pour en avoir la conviction, il dérange plusieurs chaises et les met au milieu de la chambre en disant :

— A présent, si je veux qu'elles soient comme cela... personne ne viendra les ôter de là et me dire : Laissez donc ces chaises où elles étaient... Plus de bonnes !... c'est-à-dire plus de tyrans ou de filles qui mettent de l'eau dans votre vin et le font boire pur à leurs connaissances ; qui bourrent leurs amoureux de bouillons et de liqueurs ; vous comptent un canard huit francs et le reste à l'avenant ; qui essuient vos meubles à moitié, laissent les araignées former leur toile dans les coins du plafond, ne balayant que le milieu de la chambre, cassent votre vaisselle, vos porcelaines, vos cristaux, en vous disant effrontément : Je n'y ai pas touché... qui vous font dîner à six heures quand vous désirez dîner à cinq ; qui disent que vous n'y êtes point quand vous y êtes ; qui, lorsque vous allez au spectacle, donnent des *routs* dans leur cuisine, en invitant leurs parents, leurs cousins, leurs pays, et toutes les bonnes du voisinage ; qui, en gagnant trois cents francs de gages, trouvent moyen de porter au bout de l'année cinq cents francs à la caisse d'épargne ; qui se font faire des remises par vos fournisseurs et vont crier partout dans le quartier qu'elles sont dans une baraque, dans une cassine où on les traite comme des nègres ! Mais je n'en finirais pas si je voulais énumérer tout ce dont les bonnes sont capables... je n'en prendrai plus, oh ! non, je le jure bien !... car je suis trop bon, trop faible... je commence à m'en apercevoir... il est temps... et comme je ne veux plus qu'on m'enferme chez moi lorsqu'un ami m'attendra à dîner, je supprime les bonnes... et nous verrons qui est-ce qui m'empêchera d'être mon maître et de faire mes volontés... Mais comme je ne veux plus tenir de maison ni manger chez moi, je ne vois pas pourquoi je garderais un grand appartement qui est fort cher... je vais me louer un joli petit logement de garçon, bien gai, bien coquet... j'aurai un frotteur qui fera mon ménage, j'y gagnerai du côté de la propreté et de l'économie. C'est décidé, cherchons-nous un logement.

Théophile se met en course pour trouver un appartement de garçon; il le veut dans un quartier agréable; il le veut au midi; il ne le veut pas plus haut qu'un troisième. Il parvient enfin à découvrir ce qui lui convient sur le boulevard Beaumarchais, dans une de ces nouvelles maisons qui font maintenant de ce quartier l'un des plus agréables de Paris. Théophile fait le sacrifice d'un demi-terme pour s'installer tout de suite dans son nouveau domicile; et lorsqu'il est emménagé il se dit:

— Espérons que c'est ici que je trouverai le repos, le bonheur, que je ne serai plus tourmenté...

Mais le portier de la maison où habite maintenant Théophile a cru, en louant à un homme seul, qu'il serait chargé, lui ou sa femme, de faire son ménage; lorsque le nouveau locataire refuse ses services, le portier devient hargneux, impoli; il égare le journal; il monte un matin chez Théophile et sonne comme un crocheteur.

— Que voulez-vous, portier? demande le nouveau locataire, surpris de voir à son concierge un air furibond.

— Vous avez secoué vos tapis par la fenêtre... Le propriétaire ne le veut pas...

— D'abord, je ne secoue pas moi-même mes tapis, c'est mon domestique qui est chargé de cette besogne.

— Vous ou votre laquais... ça m'est égal, on a secoué que même j'ai *t'été* inondé de poussière!

— Je ne sais pas si vous avez reçu de la poussière, mais je sais qu'en faisant mon appartement il faut bien qu'on secoue les tapis. Or, comme il est défendu de rien secouer du côté du boulevard, il faut bien qu'on les secoue dans la cour.

— Ça ne se fait pas... on bat ses tapis chez soi...

— Ah! voilà du nouveau... ce serait très propre.

— Tâchez toujours de ne point recommencer...

— Portier, fichez-moi le camp et laissez-moi tranquille.

Et Théophile ferme sa porte sur le nez du portier; il croyait en être quitte pour cette altercation, mais il ne savait pas ce que c'est qu'un portier dont on a encouru la haine...

Quelques jours après, le concierge remonte sonner, toujours comme s'il voulait casser la sonnette.

— Que voulez-vous encore, portier?

— D'abord, monsieur pourrait bien dire concierge, ça ne lui écorcherait pas la bouche.

— Je dirai comme il me plaira. Que voulez-vous?

— Vous mettez des pots, des bouquets, un tas d'ordures sur votre balcon... D'abord, ça n'est pas propre... ça déshonore la maison... Le propriétaire n'aime pas ça, et puis en arrosant vous jetez de l'eau, et ça tombe sur les personnes du second qui s'en plaignent.

— Portier, je mets sur mon balcon de fort jolies fleurs et non pas des ordures, comme vous avez la malhonnêteté de le dire. J'ai le droit de mettre des pots de fleurs, là le commissaire n'y trouve rien à redire, parce que tout cela est garanti par une balustrade de fer et que cela n'offre aucun danger pour les passants. Quant aux voisins du second, qui se plaignent que je leur jette de l'eau, vous m'étonnez, car j'arrose toujours avec beaucoup de soin ; au reste, dites-leur que je ferai attention.

— Attention ! attention !... On vous fera bien *z'ôter* vos pots !...

— Quel vilain homme que ce portier, se dit Théophile en refermant sa porte. Je suis sûr qu'il prend tout cela sur lui ! il n'est pas possible qu'un propriétaire soit assez ridicule pour trouver mauvais que l'on mette des fleurs sur son balcon. Au lieu d'enlaidir sa maison, cela l'embellirait plutôt... Est-ce que des fleurs peuvent enlaidir quelque chose! Mais je suis bien bon d'écouter ce que dit ce portier.... Ce que j'ai de mieux à faire, c'est de ne jamais lui adresser la parole; ça le vexera bien davantage.

Mais Théophile ne songeait pas qu'il est presque impossible à un locataire de ne point avoir quelquefois affaire à son portier.

Le jour suivant, un de ses amis vient le voir et s'écrie en entrant:

— Si je ne vous avais pas aperçu contre votre fenêtre, je ne serai pas monté, votre concierge me soutenait que vous étiez sorti... J'ai vu le moment où il faudrait me colleter avec lui pour grimper l'escalier.

— Ce portier est un âne, un animal, il ne sait quelle sottise faire.

— Mais pourquoi n'êtes-vous pas venu hier à notre soirée? nous vous avons attendu...

— Votre soirée?... quelle soirée?... J'ignorais si vous en donniez une.

— Cependant, je vous l'ai écrit il y a trois jours...

— Je n'ai reçu aucune lettre.

— Je suis bien sûr qu'elle a dû vous parvenir, je l'ai affranchie et mise à la poste moi-même.

— Est-ce qu'il y aurait encore du portier là-dessous... Il faut que je m'en assure.

Théophile descend, il va à la loge du portier qui est en train de donner du gâteau à sa pie.

— Portier, vous avez dû recevoir une lettre pour moi.

— De quoi... un paquet ?

— Une lettre, par la poste, il y a déjà trois jours...

— J'ai rien reçu.

— Monsieur, que voilà, l'a mise lui-même à la poste... il est impossible qu'elle n'ait pas été apportée ici...

— Ah !... il y a trois jours... une lettre !... Eh bien, on vous l'a donnée...

— On ne m'a rien donné puisque je la réclame.

— Elisabeth, est-ce que t'as pas remis la lettre qui était sur le poêle... il y a trois jours...

— Non... j'ai cru que tu la monterais. J'ai vu Romuald jouer avec un papier, c'est peut-être ça...

— Romuald, où as-tu fourré le papier que t'as trouvé sur le poêle ?

M. Romuald est un jeune garçon de sept ans ; il va ramasser, dans un coin de la loge, un papier tout crotté et l'apporte à son père. C'est la lettre qui était venue pour Théophile ; celui-ci la froisse avec dépit dans sa main, en s'écriant :

— Ah ! voilà ce que vous faites des lettres qui arrivent pour vos locataires... Savez-vous bien, por-

13.

tier, que cela pourrait avoir des conséquences très graves !

— De quoi !... est-ce qu'il y a de ma faute... un enfant *jousse* avec un papier, v'là-t-il pas un grand crime ?

— Mon ami, dit à Théophile le monsieur qui lui avait écrit la lettre, vous avez de bien mauvais portiers.

Et Théophile remonte chez lui en murmurant :

— Quelle canaille !... garder mes lettres... c'est le bouquet.

Quelque temps après, Théophile revenant le soir d'un théâtre où l'on avait donné une représentation extraordinaire, n'arrive devant sa demeure qu'à minuit et demi.

Il sonne à la porte, on n'ouvre pas ; il sonne de nouveau, rien ne bouge. Enfin, il se décide à crier, à appeler le portier, et celui-ci lui répond d'une voix de stentor :

— Il est *ménuit* passé, je n'ouvre plus...

— Mais portier, c'est moi... Tamponnet... du troisième... Je viens du spectacle...

— Il est *ménuit* sonné... je suis couché, je ne me relèverai pas...

— Mais, portier, je ne puis pas coucher à la porte, cependant...

— Fallait rentrer avant *ménuit* : c'est l'ordre de ma maison...

— Ouvrez-moi toujours.

Le portier ne répond plus, et Théophile criant, appelait et sonnait inutilement, lorsque quelqu'un vient à lui ; c'était encore le vieil ami Badinet.

— Et à qui diable en as-tu donc, mon pauvre ami ?

— Ah ! c'est toi, Badinet. Tu vois un homme bien malheureux... Comme à l'ordinaire, du reste... Je ne peux pas rentrer chez moi... mon portier refuse de m'ouvrir parce qu'il est plus de minuit... Il veut que je couche dehors.

— Ton portier est un gredin, viens au corps de garde chercher main-forte et tu te feras bien ouvrir la porte... à moins que tu n'aimes mieux accepter pour cette nuit l'hospitalité chez moi...

— Ma foi, je choisis ce dernier parti... parce que, aller chercher la garde, cela n'en finirait pas... Mais, c'est égal, dès demain je donne congé à mon propriétaire... Il n'y a pas moyen que je reste dans cette maison... Je suis trop tourmenté par cet infâme portier... Ah ! Badinet, tiens, je t'avoue que je commence à perdre courage... A soixante ans bien sonnés, n'avoir pas encore trouvé le moyen de vivre heureux... d'être son maître... de faire ses volontés... sais-tu bien que c'est désolant ?

— Eh ! non ; d'abord il ne faut jamais se désoler et se laisser aller au chagrin... mauvais système... Il faut rire au nez des évènements... s'en moquer... car, vois-tu, en cherchant bien, ceux qui d'abord nous semblent les plus malheureux, finissent toujours par avoir leur bon côté.

— Fais-moi le plaisir alors de me dire où est le bon côté en ce moment, que je ne puis pas rentrer chez moi ? que je suis à la porte ?

— Ah ! cela ne se trouve pas tout de suite ; je suis fâché que tu ne veuilles pas que nous allions chercher la garde... je serais enchanté de faire le siège de ta maison... de forcer ce misérable portier à t'ouvrir.

— J'aime mieux aller coucher chez toi... ton portier t'ouvrira-t-il, à toi ?

— Oh ! oh ! je voudrais bien voir qu'il ne m'ouvrît pas... je réveillerais toute la maison.

— C'est qu'il est bien tard ; tu as donc été aussi à une représentation extraordinaire ?

— Moi, pas du tout... j'ai été en soirée chez des amis, faire ma partie de trictrac ; mais je n'aime pas me coucher de bonne heure, aussi, je ne rentre jamais avant minuit.

— Tu es bien heureux... tu as donc des portiers modèles ?

— Non, mais j'ai un propriétaire qui veut que son concierge soit poli et complaisant pour les locataires, et qui ne donne point tort à ceux-ci quand ils ont quelque altercation avec le portier... c'est que vois-tu, les propriétaires aimables c'est presque aussi rare que les portiers polis ; et cependant, lorsqu'on paye tous ses termes *recta*, il me semble que l'on aurait bien droit à des égards. Donne-moi le bras et allons nous coucher... sois tranquille, je suis un ancien avoué, demain je porterai plainte pour toi.

— Bah ! tu veux que je fasse un procès à mon portier.

— Je veux qu'on ne te laisse pas impunément à la porte... Mon cher ami, quand on ne punit pas les méchants, ce n'est pas être bon, c'est être bête.

XXII

UNE MAISON A ALLÉE. — CONCLUSION

Le lendemain de cette nuit mémorable, le portier reçut son assignation, il fut condamné à une amende, qu'il paya en rugissant; mais alors, en rentrant chez lui, Théophile trouvait des ordures devant sa porte, et lorsqu'il allait pour l'ouvrir, il était quelquefois une heure avant d'en venir à bout, parce qu'on avait fourré de la sciure de bois, du charbon ou autre chose dans la serrure.

La place n'était plus tenable pour le pauvre locataire, et tout cela, parce que le propriétaire, qui avait dû être instruit de la conduite de son portier, n'avait pas jugé convenable de le renvoyer. C'est donc Théophile qui donne congé. Badinet lui a dit : Puisque tu es si malheureux en portiers, prends un appartement dans une maison où il n'y en ait point, une maison à allée; elles sont rares à présent... car ce n'est pas gracieux... cependant il y en a encore... mais on y est moins en sûreté que dans une maison où il y a un concierge... c'est à toi à faire tes réflexions.

Théophile, qui a les portiers en horreur, trouve un logement convenable dans une vieille maison de la rue des Tournelles, qui a une allée et pas le moindre suisse. L'entrée de cette maison n'est pas séduisante; l'allée, qui reste ouverte dans le jour, est à peine assez large pour une personne seule ; elle est longue, noire, sale et souvent boueuse. Au fond de cette allée, sur la droite, on trouve un escalier de bois, de ces escaliers qui rappellent le vieux Paris avec ses maisons dont les poutres n'étaient point recouvertes de plâtre. Cet escalier a une balustrade également en bois, et tellement massive et large, que l'on pourrait à la rigueur monter les étages en marchant sur la balustrade au lieu de marcher sur les degrés. A chaque étage, cela se termine par un angle droit; et, pour palier, vous ne trouvez qu'un petit espace où peuvent à peine tenir deux personnes. Tout cela ne recevant du jour qu'à travers les vitres d'une guillotine, que l'on n'ouvre jamais, car les toiles d'araignées y ont pris la consistance et l'épaisseur de rideaux...

Ces dehors peu gracieux n'arrêtent point Théophile, il ne voit dans cette maison qu'une chose ; c'est qu'elle est sans portier. Il loue un logement au second étage ; il fait encore le sacrifice d'un demi-terme pour emménager sur-le-champ.

Et lorsqu'il se voit établi dans son nouveau logement, il le parcourt avec amour... et il recommence ses phrases qu'il a déjà dites si souvent :

— Cette fois... je suis mon maître... je suis libre de rentrer à l'heure qui me sera agréable... de ne pas rentrer du tout même, si cela me fait plaisir... Point de portier ! point de ces figures atrabilaires qui mouchardent vos moindres actions... qui font d'infâmes cancans sur votre compte... qui vous gardent vos lettres... et qui vous jouent tous les mauvais tours possibles si vous ne leur graissez pas tous les jours la patte... ce qui finit par augmenter beaucoup votre loyer. Ah ! comme je vais m'en donner maintenant... j'irai tous les soirs à des représentations extraordinaires... je veux mener, comme on dit, une vie de polichinelle.

La joie de Théophile dure peu ; lorsqu'il rentre chez lui le soir, il ouvre la porte de son allée par un secret fort simple, connu de tous les locataires ; mais il faut avancer sans voir clair et gagner son escalier à tâtons, car les quinquets sont totalement inconnus dans la maison. Théophile, qui n'a jamais été bien brave, éprouve alors un certain frémissement qui ressemble infiniment à de la peur; il fait deux pas dans son allée et s'arrête; il écoute, car il a cru entendre quelque bruit du côté de l'escalier; il tousse très fort, il tape du pied, il chante; mais il ne sait pas s'il doit avancer. Enfin, il s'y décide en se disant:

— J'ai été obligé de coucher dehors une fois parce que mon portier n'a pas voulu m'ouvrir... mais à présent... si j'allais encore demander l'hospitalité à Badinet... il faudrait donc que je dise: Je ne suis pas rentré chez moi, parce que je n'ai pas de portier... et que je ne voyais pas clair... il me rirait au nez; il me dirait: Alors va te percher comme un oiseau sur une branche d'arbre, et n'en bouge plus dès que vient la nuit. Allons, sapristi! un peu de courage... traversons cette allée... qui me fait l'effet de la forêt de Bondy... si j'avais une arme au moins... mais je n'ai pas seulement une canne.

Théophile se lance en avant; dans sa précipitation il se cogne plusieurs fois la tête contre la muraille, mais il atteint l'escalier; il serait difficile de le monter quatre à quatre, parce que chaque marche a un pied et demi de haut; il le gravit sans reprendre haleine, arrive à sa porte, l'ouvre, la referme vivement et, arrivé chez lui, se jette sur un siège et respire comme un homme qui viendrait d'échapper à un grand danger.

— Après s'être procuré de la lumière, Théophile devenu plus calme, se dit :

— Ça ne serait pas fort agréable, si chaque soir, pour rentrer chez moi, je devais éprouver les mêmes émotions... je crois que ma santé en souffrirait, sans compter que je me suis fait plusieurs bosses à la tête. Mais j'ai un moyen bien simple pour ne plus voir se renouveler mes terreurs ; j'aurai toujours sur moi un rat de cave et une petite boîte d'allumettes chimiques... de ces allumettes dont se servent les fumeurs. Avant d'entrer dans mon allée, j'allumerai mon rat de cave, de cette façon j'aurai de la lumière pour monter mon escalier ; et quand j'y vois clair, je suis très brave... c'est l'obscurité seule qui m'inspire de vilaines idées... je me cogne la tête.

Théophile enchanté d'avoir trouvé ce moyen pour rentrer chez lui sans crainte, se couche plus satisfait. Mais lorsqu'une fois la frayeur est entrée dans un logement, il est bien difficile de la mettre à la porte.

Dans la nuit, Théophile dort mal. Plusieurs fois il s'éveille ; il lui semble entendre du bruit dans l'escalier; ensuite ce sont les portes qui ont l'air de remuer, de s'agiter.

Le nouvel emménagé se dit :

— C'est le vent... ce ne peut être que le vent... car s'il y avait du monde dans l'escalier, ce serait bien inquiétant... Au milieu de la nuit, ce ne pourrait être que des voleurs qui possèderaient le secret pour ouvrir l'allée... Il n'est pas bien malin ce secret-là... Si on forçait ma porte... je ne vois pas trop qui viendrait à mon secours... Au premier étage loge une vieille dame paralytique avec sa vieille bonne qui est sourde... Appelez donc ces personnes-là à votre aide! Au second, c'est moi. Au-dessus, il y a un ménage... le mari bat sa femme à ce qu'on m'a déjà dit..., et la femme a des allures, à ce qu'on a encore dit; enfin, au dernier étage, il y a plusieurs chambres habitées soi-disant par des ouvriers... Je ne les ai pas encore rencontrés... Je ferai mettre un gros verrou à ma porte.

Théophile se rendort lorsqu'il voit paraître le jour. Mais le lendemain le frotteur, qui lui sert de domestique, lui dit :

— Vous avez loué dans un triste quartier, monsieur, et vous êtes dans une rue... bien solitaire le soir... J'ai connu deux personnes qui ont été volées... Ensuite, une maison sans portier... c'est bien dangereux! Moi, monsieur, on me donnerait un logement pour rien dans votre maison que je n'en voudrais pas.

Théophile feint de rire des réflexions de son frotteur, mais, en lui-même, il en est vivement impressionné. Il va chercher un serrurier et fait poser deux verrous à sa porte; à moins de la briser, il serait impossible d'entrer chez lui. Cependant il ne dort pas mieux la nuit; il lui semble sans cesse entendre des bruits sourds; il craint maintenant qu'on ne s'introduise chez lui par les cheminées; il a entendu dire que cela était arrivé quelquefois.

Un jour en descendant son escalier, il rencontre deux hommes en blouse, qui ont des barbes énormes et des moustaches à l'avenant. Théophile les salue jusqu'à terre en se serrant contre le mur. Puis il se dit :

— Si ce sont là de mes voisins d'en haut, ils ont des mines rébarbatives... Après cela, ce sont peut-être de bien honnêtes gens... On peut porter une grande barbe et être très honnête ; mais cela donne toujours un aspect sauvage.

Une nuit, Théophile entend distinctement des cris, des gémissements au-dessus de sa tête; il se dit :

— C'est probablement le voisin qui est en train de battre sa femme. Si j'allais mettre le holà?... Non pas... Il y a un proverbe qui dit : Entre l'arbre et l'écorce... Et puis, il y a aussi le *Médecin malgré lui*, de Molière... C'est égal, c'est un voisinage fort peu agréable... Il me semble qu'on ouvre la fenêtre... Ah! mon Dieu, est-ce qu'il va jeter sa femme par la fenêtre?... Non, non, on a jeté quelque chose, mais ce n'est pas une femme.

Quelques jours plus tard, le frotteur arrive chez Théophile, en s'écriant :

— Eh bien, monsieur, que vous ai-je dit? Elle est gentille, votre rue...

— Comment, mon garçon... Qu'y a-t-il donc de nouveau?

— Vous ne savez donc pas l'événement de cette nuit, monsieur?

— Je ne sais rien du tout. Comment veux-tu que je sache quelque chose?... Il est neuf heures et demie, je ne suis pas encore sorti... Je n'ai vu personne... Qu'est-il arrivé cette nuit?

— Madame Profitant... une vieille dame qui demeure trois maisons après vous, une ancienne fruitière retirée, qui passe pour riche... et qui, par économie, n'a pas de domestique.

— Eh bien, madame Profitant?

— Elle a été trouvée morte ce matin chez elle... assassinée par des brigands qui l'ont brûlée... elle et sa chaufferette... et qui, sans doute, ont volé beaucoup d'argent... On ne sait pas encore... mais la justice prend des formes, comme on dit...

— Ah! mon Dieu! cette pauvre dame... Et a-t-on arrêté l'assassin, au moins?

— Eh, mon Dieu, non... Mais, voyez-vous, il faut que ce soit quelqu'un du quartier... qui connaît la maison ; car on n'a vu aucune *infraction* aux portes, ni aux meubles... C'est égal, on soupçonne déjà plusieurs individus... entre autres un garçon marchand de vin, qui, depuis longtemps, n'avait pas le sou, devait à tout le monde, et qui, ce matin déjà, s'est acheté un cigare de cinq sous !...

— C'est bien effrayant tout cela... Est-ce qu'il n'y a point de portier dans la maison où demeurait cette pauvre dame ?

— Si, monsieur, il y a un portier... et qui n'a rien vu... Voilà ce qui rend le crime plus étonnant... Oh ! s'il n'y avait pas eu de portier à la maison, vous comprenez que les brigands auraient tout dévalisé :

Théophile est fort inquiet, lorsqu'il songe qu'un assassinat a été commis tout près de chez lui ; il pense qu'on pourrait bien aussi vouloir le piller, lui dont les dehors annoncent l'aisance ; il se reproche de sortir toujours trop bien mis, et ce jour-là il défend à son domestique de cirer ses bottes et de brosser son habit.

Cependant, pour rentrer chez lui, Théophile avait toujours de quoi se procurer de la lumière : un rat de cave et des allumettes phosphoriques ; avec cela il entrait dans son allée, non pas sans éprouver encore une certaine émotion, mais enfin il ne se cognait plus la tête à la muraille.

Il y avait quatre jours à peine que son frotteur lui avait conté l'évènement arrivé à madame Profitant, lorsque Théophile, qui a voulu se distraire, va à une représentation extraordinaire à un théâtre du boulevard du Temple, et le spectacle ne finit qu'à près d'une heure du matin.

Notre veuf qui s'amusait n'a pas regardé l'heure; mais, en sortant lorsqu'il consulte sa montre, il est pétrifié, désolé d'être dehors si tard, et il se met à courir sur les boulevards pour arriver plus tôt chez lui, en se disant : Je sais bien que mon portier ne me grondera pas... que je puis rentrer à l'heure que je veux... c'est égal, c'est imprudent... Les boulevards, on y rencontre du monde... mais la rue des Tournelles est très déserte.

Théophile arrive enfin chez lui, tout en sueur, tout en nage, quoiqu'on fût au mois d'avril. Il s'arrête devant son allée et s'apprête à s'éclairer ; il se tâte, se fouille ; il trouve bien son rat de cave, mais il n'a pas sa boîte d'allumettes ; il refouille en vain dans toutes ses poches. A-t-il oublié sa boîte ou, ce qui est probable, l'a-t-il fait tomber en prenant plusieurs fois son mouchoir? Ce qu'il y a de positif, c'est qu'il ne l'a pas, et qu'il lui faut entrer dans son allée sans y voir clair.

Il ouvre le secret, puis il hésite ; ce qui est arrivé à sa voisine lui revient à la mémoire. Cependant, il ne veut pas coucher dans la rue, car il est en sueur, la nuit est froide, et il sent bien que cela lui ferait du mal. Le pauvre Théophile prend, comme on dit vulgairement, son courage à deux mains. Il se décide; il pénètre dans l'allée, il marche très vite, il arrive à l'escalier, il monte quelques marches... Tout à coup il s'arrête, il a entendu du bruit au-dessus de lui: il attend, il écoute... plus rien. Cependant, il est certain d'avoir entendu quelque chose. Il monte encore quelques marches et arrive au premier: mais alors un bruit très distinct a lieu au-dessus de sa tête: c'est quelqu'un qui descend, mais qui s'arrête quand Théophile cesse de monter. Celui-ci sent les forces qui lui manquent; il s'adosse dans l'encoignure de l'escalier et balbutie: Qui est là... qui va là?

On ne répond pas; mais Théophile entend un froissement, comme si on s'adossait aussi à la muraille, il se dit: C'est un voleur... un assassin... peut-être le même qui a tué madame Profitant... il m'attend devant ma porte pour entrer avec moi dans mon logement et me tuer ensuite... Quelle horrible situation... si j'avance, je suis mort...

Et Théophile murmure encore: Qui est là?... répondez... ou je fais feu.

Mais on ne lui répond rien: seulement, il entend de nouveau un bruit sourd dont il lui est impossible de se rendre compte: ses forces l'abandonnent, il se laisse glisser sur ses genoux, et, blotti dans le coin de muraille qui lui sert d'appui, il demeure là sans bouger, sans remuer, jusqu'au point du jour.

Mais enfin les ténèbres se dissipent. Théophile qui ressent des douleurs horribles dans tous les membres, et qui ne sait pas s'il aura la force de quitter la position qu'il a gardée toute la nuit, attend qu'il fasse tout à fait jour pour regarder au-dessus de lui. Lorsqu'enfin ce moment est venu, il lève les yeux et aperçoit, à huit marches au-dessus de lui, dans une encoignure, pareille à celle qu'il occupe, un gros caniche noir qui s'est blotti là, comme lui, mais qui s'y est profondément endormi.

— C'était un chien ! s'écrie Théophile en tâchant de se relever ; c'était un chien !... Je ne m'étonne pas s'il n'a pas répondu quand j'ai dit : Qui est là ?... Mais à qui peut-il être, ce caniche ?

— A moi, dit une grosse voix. Et un homme en blouse et à barbe descend alors l'escalier et vient caresser le caniche en lui disant : Ah ! polisson de Turc... vous avez été gourmand hier... vous avez volé le souper à votre maître... aussi, vous avez couché dehors... c'est bien fait, cela vous apprendra... Je suis sûr, monsieur, qu'il ne vous a pas fait de mal, car il est doux comme un mouton.

— Non ! oh ! il ne m'a point fait le moindre mal... répond Théophile en montant chez lui.

— Bonjour, monsieur... Turc, faites-le beau devant monsieur.

— Oh ! merci, ce n'est pas la peine... je n'y tiens pas.

Théophile rentre chez lui en se disant : Mais il a l'air d'un fort brave homme cet individu à barbe... Et dire que j'ai passé la nuit dans l'escalier... croyant qu'un voleur me guettait... Ah ! décidément, il est écrit que je passerai ma vie à faire des bêtises.

Le frotteur, en arrivant dans la journée faire le ménage de Théophile, lui dit d'un air tout penaud :

— Monsieur... vous savez sans doute qu'on a découvert l'assassin de madame Profitant...

— Eh ! non, je ne sais rien, répond Théophile, qui se sent mal à son aise. Vous m'ennuyez avec vos histoires... vous savez toujours des nouvelles alarmantes... laissez-moi en repos, je suis malade.

— Monsieur, l'assassin de madame Profitant, c'est sa chaufferette... On a eu la preuve que c'est sur sa chaufferette que cette pauvre dame a trouvé la mort... en brûlant sa chemise.

— Que le diable vous emporte, frotteur, vous et vos crimes imaginaires ! Vous m'avez encore mis martel en tête avec vos récits... et vous êtes cause... que j'ai une fièvre de cheval.

Le pauvre homme disait vrai ; car lorsqu'on a eu extrêmement chaud, qu'on a couru, qu'on est en sueur, on ne passe point impunément une nuit froide blotti dans un escalier.

Théophile s'est mis au lit très en colère contre son frotteur, qu'il se promet de renvoyer aussitôt qu'il sera guéri, mais la fièvre augmente, et le médecin, qu'on a fait appeler, reconnaît une fluxion de poitrine.

Théophile a fait prévenir son ami Badinet, qui accourt le voir et qui, le trouvant très malade, veut faire avertir mademoiselle Amanda, qui est devenue madame Dupuis.

— Ne dérange pas ma fille, dit le malade, elle n'est pas à Paris ; il faudrait qu'elle quittât la campagne qu'elle habite... et elle arriverait trop tard... Quant à mon fils... il est aux Grandes Indes... il arriverait beaucoup plus tard...

Badinet essaye de rassurer son ami sur son état. Mais dans la soirée le pauvre Théophile sent bien que ses forces l'abandonnent. Alors, il presse encore la main de son vieil ami, en lui disant :

— Ne me plains pas, Badinet : tu sais que je n'étais pas né sous une heureuse étoile... Le bon Dieu me rappelle à lui, tant mieux; car je vais dans le seul endroit où l'on ne soit plus tourmenté.

FIN D'UN MONSIEUR TRÈS-TOURMENTÉ

UN MONSIEUR

QUI VEUT ÊTRE MAIRE

UN MONSIEUR

QUI VEUT ÊTRE MAIRE

I

LE VILLAGE DE VAS-Y-VOIR

Prenez un village aux environs de Paris; prenez-le où vous voudrez, pourvu que ce soit un village un peu considérable, renfermant, outre les nombreuses et rustiques habitations de paysans, de jolies maisons bourgeoises, où l'on a très chaud l'été et très froid l'hiver; puis ayant dans ses environs quelques promenades agréables, un soupçon de bois, des points de vue plus ou moins pittoresques, quelques carrières qui simulent des accidents de terrain, un gazon, sur lequel je ne vous conseillerai pas de vous rouler avant d'avoir examiné la place; enfin tout ce qui fait le charme d'une campagne située aux environs de

Paris. Maintenant, figurez-vous la plupart des maisons bourgeoises habitées par des personnes qui aiment vraiment la campagne; par des négociants qui viennent s'y reposer du tracas des affaires; par des artistes qui ont besoin d'oublier quelquefois les plaisirs bruyants de la capitale, qui trouvent au milieu des champs de nouvelles inspirations, et se flattent d'y pouvoir travailler sans être visités et interrompus ; puis, par quelques couples encore amoureux qui recherchent la solitude, le calme, le silence, parce que le bonheur et l'amour ne sont jamais plus vifs que quand ils sont cachés. A présent que vous vous êtes figuré tout cela, je n'ai pas besoin de vous dire comment on passe le temps dans ce village. Toute la semaine les paysans travaillent, bêchent, labourent, ensemencent. Quand vient le dimanche, les vieux vont au cabaret, les jeunes vont faire danser les filles, en se réunissant sur une petite place que l'on appelle le *bal*, parce qu'elle est entourée d'un treillage et ornée de quelques douzaines de chaises, et que, lorsqu'il fait beau temps, un violon aveugle y joue, à tour de bras et avec plus au moins de variations, les quadrilles qui ont déjà fait sauter toute la capitale.

Quant aux habitants des maisons bourgeoises, dans la semaine vous les apercevez quelquefois dirigeant leurs pas vers les promenades les plus solitaires. Les hommes ont la simple blouse et la casquette; les femmes, le grand, l'immense chapeau dans sa forme primitive, sans même un ruban pour l'attacher à son cou. Ces gens-là ont quitté Paris pour être à leur aise, pour tâcher de connaître un peu cette chose dont tout le monde parle et que si peu de personnes comprennent, la liberté. D'après cela, vous devez penser que les bourgeois de ce village se voient peu entre eux; la société entraîne toujours après elle mille sujétions. Si, à la campagne, vous vous liez avec tous vos voisins, vous serez encore moins libre qu'à la ville; on viendra vous voir dans la matinée, dans le jour, et puis encore le soir. Pour admirer votre jardin, on vous forcera à vous y promener lorsque vous voudriez ne pas quitter votre chambre; pour voir la distribution de votre maison, on vous obligera à y rentrer lorsque vous comptiez rester à travailler dans votre jardin.

Il est donc plus sage de se borner aux simples politesses d'usage, à ces saluts remplis d'aménité qu'on ne se fait qu'à la campagne, et à ces petites questions sur l'état de la santé et l'incertitude du temps, qui ne peuvent jamais vous compromettre. C'est ce que faisaient la plupart des citadins devenus campagnards. La lecture, le travail, la promenade, quelques petites causeries où l'on plaisantait fort innocemment sur son voisin : tels étaient les plaisirs que l'on goûtait dans ce village, où chacun, paysans, marchands et bourgeois, semblait satisfait de son sort. Mais voilà qu'un beau jour une fort jolie maison du village est vendue par son propriétaire à un certain M. Duhautbois. Et ce M. Duhautbois y arrive avec une immense famille, une femme, trois filles, deux tantes et une infinité de cousins : sans compter une carriole qui peut à la rigueur, passer pour un char-à-bancs. Tout aussitôt, et comme par enchantement, un changement subit s'opère dans le village : le bruit remplace le silence, le mouvement succède au calme. D'abord, on voit aller, venir, courir, des personnages nouveaux; ensuite, c'est le maçon, c'est le menuisier, puis le serrurier, qui ont un air affairé, pressé; ce sont les traiteurs de l'endroit qui font balayer le devant de leurs maisons. Enfin, les moins curieux ne peuvent s'empêcher de se demander entre eux :

— Qu'est-ce qu'il y a donc dans le village?—Qu'est-ce qui se passe?... — Pourquoi tout ce mouvement? — Vous ne savez donc pas! la maison de la veuve Tricot est vendue, le nouveau propriétaire est venu l'habiter...

C'est un nommé Duhautbois... il a une grande femme... trois demoiselles, dont deux ne sont pas mal... une femme encore très fraîche et des cousins fashionables!

— Eh bien, qu'est-ce que cela nous fait, tout cela? — Ce M. Duhautbois est riche, à ce qu'il paraît; il fait déjà bouleverser tout dans sa propriété : il fait bâtir, démolir, arracher, planter. — Oh! il veut faire bien des embellissements à sa maison. — Je lui souhaite beaucoup de plaisir. — Il occupe déjà le maçon, le menuisier... Tenez, il occupe aussi le traiteur, car c'est chez lui que l'on porte des goujons et des beignets. Ce sont des gens qui vivent très bien.

Celui qui a fait ces questions rentre chez lui en se disant :

Un nouveau propriétaire est bien le maître de faire ce qu'il veut dans sa maison ; je ne vois pas pourquoi cela met tout le village en émoi!

Cependant, le lendemain, le traiteur le plus renommé de l'endroit s'arrête devant la demeure d'un de ses confrères ; le garde-champêtre, deux ou trois messieurs et quelques paysans viennent se grouper autour d'eux, et la conversation s'engage,

— Savez-vous que not'pays va devenir joli? — Joli! comment l'entendez-vous? — C'est-à-dire que not'-endroit va s'embellir...; c'est le nouveau propriétaire... M. Duhautbois, qui a dit ça... En voilà un crâne d'homme!... — C'est des gens riches, n'est-ce pas? — Je crois bien!... il fait faire deux pignons superbes sur le côté de son jardin...

C'est lui qui m'a dit que le pays allait changer.... il

m'a engagé à augmenter ma carte du restaurant, à y ajouter des rosses de bif dans le genre anglais, parce qu'il va venir ben plus de monde par ici.

— Mais il trouve que la grande route est sale, mal entretenue... Il dit que si chacun sablait devant sa sa porte, ce serait bien plus gentil... — Tiens, il a raison; à la bonne heure, v'là un homme qui s'occupe du pays... ça ferait un fameux maire, tout de même. Je vas sabler, moi. — Moi je vas engager M. Richonnard, dont la maison donne sur la route, à sabler aussi.

II

LE GARDE-CHAMPÊTRE

Le garde-champêtre s'achemine vers une petite maison d'assez modeste apparence. C'est la demeure de M. Richonnard, ancien négociant, homme froid, flegmatique, méthodique, qui se lève, se couche, mange, lit, travaille ou dort à heures fixes, et ne veut jamais rien changer à ses habitudes. Madame Richonnard est une petite femme d'une corpulence énorme, qui est trop paresseuse pour avoir une volonté et contrarier son mari. Son plus grand bonheur est de passer la journée en camisole et de ne point mettre de corset. Le garde-champêtre entre dans le jardin. M. Richonnard taillait ses arbres. Il avait acheté un sécateur, tenait à s'en servir ; il s'était dit que de midi à une heure il taillerait dans son jardin, peu lui importait que ce fût nuisible ou nécessaire à ses arbres ; de midi à une heure M. Richonnard coupait des branches. Le garde-champêtre s'avance, portant la main à son chapeau, qu'il n'ôte pas, parce qu'un garde-champêtre est une autorité, et que les autorités ont droit de ne pas être polies. M. Richonnard ne se dérange pas, il continue à jouer de son sécateur sur toutes les branches qui ont le malheur de se trouver sur son passage, pendant que le garde entame la conversation.

— Salut, monsieur Richonnard, madame et la compagnie, sauf vot'respect.

— Bonjour, monsieur Lagrappe.

— Et ça va bien ce matin... toute la compagnie, sauf vot' respect.

— Cela va parfaitement. Qu'est-ce qui vous amène ?

— Je vas vous dire... Ah ! prenez garde, monsieur Richonnard, vous coupez là une branche qui était bonne.

— Qu'est-ce que cela vous fait ?... est-ce que je ne puis pas tailler mes arbres comme je l'entends ?...

— C'est juste !... mais... c'est que... i'm'semble aussi que ce n'est pas la saison pour tailler... sauf vot' respect.

— Monsieur Lagrape... faites-moi le plaisir de vous

mêler de vos affaires... Je ne vais pas inspecter les branches de groseilliers que l'on casse dans vos champs, moi.

— C'était par manière de parler... Pour lors, c'est au sujet de l'idée nouvelle que M. Duhautbois nous a donnée.

— M. Dubautbois! Depuis quelques jours je n'entends que ce nom résonner à mes oreilles.

— N'est-ce pas ce grand monsieur blond qui porte des bésicles, qui parle à tout le monde, qui appelle tous les traiteurs ses enfants? dit madame Richonnard en s'étendant sur son banc de gazon.

— C'est lui-même, sauf vot' respect... un bel homme, qui parle joliment! il parle une heure sans s'arrêter. C'est un homme, qui a la tête farcie d'idées... il n'y a pas longtemps qu'il est dans le pays, et il a déjà remué tout le monde... il est pour le progrès, sauf vot'respect... et puis il est populaire comme les cinq doigts et le pouce...

C'est ça un homme qui ferait bien not' affaire comme gouvernement de l'endroit!

— Est-ce que vous n'avez pas déjà un maire?

— Ah! si, mais on le change l'année prochaine... c'est-à-dire on renomme quelqu'un.

— Eh bien, enfin, où voulez-vous en venir avec votre M. Duhautbois?

— C'est une idée qui lui est venue pour l'embellissement du pays, que chacun sable devant sa porte... ça égalisera la route pour le coup d'œil?

— Allez donc vous promener ! je ne sablerai pas ; le devant de ma maison est bien comme il est... D'ailleurs, est-ce que cela regarde ce monsieur?

— Ah ! c'était pour l'embellissement... Vous coupez encore une bonne branche là...

M. Richonnard jette un regard d'indignation sur le garde et continue de tailler. M. Lagrappe se décide à se retirer en se disant :

— C'est égal, quand il verra que tout le monde sable, il fera comme les autres.

III

LES PROJETS

Quelques jours après, le garde entre dans une jolie maison du village ; celle-là est habitée par un artiste et sa jeune femme. Le son du piano se mêle aux vibrations d'une voix argentine. Le garde, qui aime la musique, s'arrête devant une fenêtre ouverte d'une pièce au rez-de-chaussée, et se met à battre la mesure à faux en essayant de faire aller la *Marseillaise* sur l'air d'opéra qu'il entend. L'artiste tourne la tête, aperçoit le garde arrêté devant sa fenêtre, et lui dit :

— Entrez, père Lagrappe ; vous avez quelque chose à nous dire ?

— Salut, monsieur, madame et la compagnie, sauf vot'respect... *Elle est* bien *jolie* l'air que vous *joussez* là !...

— Ah ! vous trouvez ; vous aimez la musique?

— Beaucoup ! j'étais né pour être serpent ; ma tante disait que j'avais des dispositions superbes si si on me cultivait.

— Et il paraît qu'on ne vous a pas cultivé ; c'est dommage.

— J'aurais su aussi le flageolet, si on me l'avait appris.

— Ah ! diable ! il paraît que vous aviez des dispositions pour beaucoup de choses !

— Tout de même ; et j'aurais aussi roulé du tambour, sauf vot'respect, si on me l'avait montré !

— Voyez un peu ; et dire que tant de vocation a fait long feu !... Ah çà, nous sommes venu pour ?...

— Ah ! c'est juste... C'est M. Duhautbois qui a eu encore une idée.

— M. Duhautbois... Ah ! c'est le monsieur aux idées... il en a pour tout le village... il faut qu'il ait une forte tête, cet homme-là. Quelle est sa nouvelle idée?

— C'est qu'on devrait creuser un immense fossé à la descente du village, parce que les eaux de la pluie s'y amasseraient, et, au bout de quelque temps, ça ferait une mare qui servirait de lavoir. — C'est vraisemblable. Voulez-vous souscrire pour le lavoir ? — Est-ce le maire qui vous envoie? — Non, mais c'est égal, on souscrit tout de même. — Quand il aura beaucoup plu, je souscrirai... nous avons le temps... — Ah! dites donc, sauf vot'respect, vous savez qu'il ne faut plus aller au galop à cheval ni à âne dans le pays? — Qui est-ce qui défend cela? — C'est une idée de M. Duhautbois pour aviser aux malheurs, aux dégâts... L'autre jour, il y a le chien de Gros-Jean qui a manqué d'avoir la patte écrasée. — C'est bien, père Lagrappe; je crois la défense assez inutile, les chevaux et les ânes de l'endroit n'ont pas l'habitude de faire d'imprudence. Au reste, quand je ferai une promenade à cheval, je me permettrai de suivre mes idées avant de prendre celles des autres.

Le garde champêtre se tire l'oreille en croyant tirer son chapeau, et s'éloigne en disant tout bas:

— C'est égal, je parie ben qu'il n'osera plus galoper.

IV

UNE FÊTE

Mais quelques jours après, c'est M. Duhautbois lui-même qui se présente chez l'artiste, escorté du garde-champêtre qui, cette fois, a mis sa plaque pour se donner un aspect plus imposant. M. Duhautbois est un homme entre deux âges, qui a de fort bonnes manières, et possède surtout le talent d'amener chacun à faire ce qu'il veut.

Après les politesses d'usage, pendant lesquelles le garde fredonne *la Marseillaise* sur l'air de *Mon ami Vincent*, le nouveau propriétaire arrive au but de sa visite.

— Monsieur, je viens vous faire part d'un projet qui m'est venu pour redonner de la vie, du mouvement à ce pays, qui est un peu oublié... pour y amener du monde. — Vous trouvez donc que le monde est bien nécessaire à la campagne? — Peut-être pas pour nous... mais il faut songer aux marchands, aux gens établis. Enfin, monsieur, ce qui manque à ce pays, c'est une jolie fête qui attire tout Paris dans cet endroit. — Je crois que tout Paris n'y tiendrait pas, monsieur. — Vous comprenez que ceci est une façon de parler ; mais une jolie fête fera beaucoup de bien à ce pays, et je me charge de l'organiser. Les traiteurs sont enchantés de mon idée. — Les traiteurs, je le conçois ; mais nous autres. — Monsieur, je vous certifie que notre fête sera charmante... Tout le monde souscrit ; nous avons compté sur vous. — Si tout le monde souscrit, je ferai comme les autres... Mais en quoi consistera votre fête?

— Des jeux, à n'en plus finir... des tirs au fusil... des prix que l'on gagnera... des douches polonaises : c'est un petit jeu où l'on va à tâtons, un bandeau sur les yeux, chercher un poteau et tirer une ficelle. Quand on s'adresse à un bon poteau, on a un prix ; sinon, on reçoit sur la tête le contenu d'un vase rempli d'eau.

— Ceci doit avoir son agrément. Ensuite?

— Ensuite, des courses en char... c'est-à-dire en charrette, où, avec une lance... c'est-à-dire un manche à balai, on traversera un cœur de bois... ; quand on ne le traversera pas, on recevra un seau d'eau sur la tête.

— C'est encore fort amusant. Ensuite ?

— Ensuite, la course à la hotte. Ce sont des hottes de vendangeurs, que l'on remplit d'eau ; les personnes qui les portent doivent arriver au but sans en répandre une goutte... comme c'est fort difficile, ceux qui ont perdu s'amusent ensuite à jeter leur hottée d'eau sur le public qu'ils peuvent attraper.

— Tous ces jeux-là me paraissent très rafraîchissants.

— Ensuite, un ballon... un feu d'artifice...; et des saltimbanques, des marchands forains... des lutteurs, des bateleurs... puis un bal délirant, où viendra la meilleure société de Paris. Vous souscrirez, n'est-ce pas ?

— Il faut bien faire comme tout le monde.

L'artiste préférerait le calme au tumulte des fêtes champêtres. M. Richonnard était persuadé que tous les jeux que l'on préparait dérangeraient ses habitudes, et, malgré cela, chacun cède, souscrit, entraîné par l'éloquence de M. Duhautbois, et imitant les moutons de Panurge, tout en se disant :

— Ce diable d'homme est terrible avec ses innovations.

Bientôt ce village, jusqu'alors si paisible, présente l'aspect le plus animé. On plante des mâts, on dresse des orchestres, on pose des pièces de bois pour le feu d'artifice, on fait un ballon, on coupe des branches de feuillage, on attache des guirlandes, on élève des arcs de triomphe. Tout le monde est en mouvement, et c'est M. Duhautbois qui dirige tous les travaux. Et M. Richonnard dit à sa femme :

— Je ne comprends pas pourquoi ce monsieur s'amuse à se donner tant de mal. Et un des notables de l'endroit lui dit à l'oreille :

— Comment ! vous ne comprenez pas que ce monsieur, qui a de la fortune, a maintenant le désir d'être maire? et voilà pourquoi il s'occupe tant de nous.

— Mais, au fait, c'est une ambition comme une autre. Un maire obtient la croix, puis il devient député, puis préfet.

— Vous croyez?...

— Cela s'est vu, monsieur.

— Diable ! il faudra que j'invente quelque chose l'année prochaine.

V

CE QU'ON A POUR SON ARGENT

Le jour de la fête est arrivé. Les marchands forains, qui se composent en grande partie de marchands de pain d'épice, viennent étaler sur la route, qui prend un faux air de foire. Des saltimbanques annoncent au public qu'ils lui feront voir des monstres; les paysans entrent en foule, et on leur fait voir une femme qui a de la barbe. Des bombes sont tirées : les jeux commencent. Le fils du premier traiteur de l'endroit a le nez presque emporté, parce que son fusil crève; il rentre chez lui en pleurant, et sa mère lui dit :

— Si tu étais resté à tes fricassées, tu n'aurais pas perdu ton nez.

— Je voulais gagner une montre, moi.

— Nigaud, est-ce que ça se gagne jamais?... on les place exprès trop haut.

Aux douches polonaises, les paysannes tirent les ficelles avec trop de force, et reçoivent sur la tête les pots avec l'eau qu'ils contiennent. Il y a deux fronts fêlés, trois bosses de faites. Le jeu se termine par une distribution de coups de poing entre quelques paysans qui veulent se partager les prix. Dans la foire, M. Richonnard, qui s'est promené avec sa femme et a mangé du pain d'épice, contre son habitude, a une singulière contenance pendant le reste de la journée. Le soir, le feu d'artifice part de travers; les baguettes des fusées retombent sur des paysannes, brûlent des bonnets, des robes, des fichus et une foule d'autres choses. Le ballon, que l'on a mis huit heures à gonfler, crève au moment où il allait s'enlever. Le bal, où devait venir la meilleure société de Paris, n'est rempli que de messieurs en blouse, qui dansent un cancan par trop délirant, avec des demoiselles qui ont des mouvements de cachucha pour toutes les figures. Les bourgeois de l'endroit regrettent leur petit bal tout simple, tout tranquille du dimanche, leurs promenades sans marchands forains, leur village sans saltimbanques, et ils se disent :

— Nous étions bien plus heureux quand on ne voulait pas à toute force nous amuser.

Mais M. Duhautbois ne se décourage pas ; il parcourt la fête, comme un général visite un champ de bataille, en s'écriant :

— Ce sera encore bien plus joli l'année prochaine !... Je veux que l'on parle beaucoup de la fête de ce village.

Et le garde champêtre, qui s'est arrêté chez tous les marchands de vin et peut à peine se tenir sur ses jambes, balbutie :

— I'm'semble que c'est déjà bon gentil comme ça... sauf vot'respect !

FIN D'UN MONSIEUR QUI VEUT ÊTRE MAIRE

TABLE DES CHAPITRES

UN MONSIEUR TRÈS-TOURMENTÉ

UN MONSIEUR QUI VEUT ÊTRE MAIRE

FIN DE LA TABLE

F. Aureau. — Imprimerie de Lagny.

www.ingramcontent.com/pod-product-compliance
Lightning Source LLC
LaVergne TN
LVHW050510100826
845148LV00002B/288

* 9 7 8 2 0 1 2 1 9 5 4 7 9 *